英語教師のNGワード

阿部 一 著

研究社

はじめに

　ここのところ東南アジアの国々が元気がいい。韓国や中国は経済を中心に一歩抜きん出てはいるが、他の国々もここに来て急速な躍進を遂げている。その勢いの中には当然、教育も含まれる。いまや、アジア圏はマレーシア、シンガポール、それにインドなどまで含めると、教育の面でも確実に本格的なグローバル化が進みつつあると考えていい。そして、どの国でも英語教育にはことさら力を入れている。英語はグローバリズムでの生き残りの「武器」になることが確実にわかっているからである。

　しかし、日本は残念ながらこのアジアの躍進の中で、日々存在感や影響力が低下する一方である。なぜ、こんなにも英語教育も含めた日本の教育が凋落してしまったのだろうか。一番大きな理由は、時代の流れ、とりわけアジアの躍進を想定して、必要なときに必要な改革をやって来なかった（できなかった）ことだろう。いま、元気のいい国はいずれも2005年～2006年頃に大幅な教育改革をやって、これが大きなバネになっている。

　海外の国々が改革して必死に教育の底上げをしている頃、日本では「ゆとり」というキーワードで、英語教育に関しても、力をつけるのに必要だとわかっていながら、単調でつまらないドリルなどは消えて、おちこぼれを出さないために「楽しく」だとか「間違っても堂々と」などのことばによって、やたらゲームなどが多くなってやさしいものになってしまった。とにかく、手間と時間のかかる、いわば、"ひと汗かく"ような発音の訓練、数多いドリ

はじめに

ル、筆記体で何度も書かせる練習など、いままさに躍進しているアジアの国々ではもっとも大事にしているいわば基礎基本が、残念ながら骨抜きにされてしまったと言える。

　しかし、すべてがだめになったわけではないし、きちんと見直して大事なところを時代の流れを踏まえて変革していけば、まだ遅くはないはずである。基本的にはコミュニケーションを重視する方向性は決して間違ってはいないので、その根幹を崩してただ単純に反動として、やっぱり昔流の音読だ、文法だ、という懐古主義的な逆戻りが一番まずい。音読も文法も、あるいは単純で機械的なドリルも必要であるが、それらの材料にも手法にも、当然そこには新たな工夫と実証的な裏づけがなければいけないのである。そこでまず、日本の英語教育の基盤をなす中学校や高校の現場で、これからいったいどのような工夫と指導を行えばよいのかという、具体的で生産的な「現場力」を考えていこうというのが本書のねらいである。

　生産的な現場力を発揮させる際、何よりも大切なことは、まずは生徒のやる気を引き出してクラスの活性化をはかることである。そのため、本書では、教師がふだん何気なく発している、生徒のやる気を削ぎ、教室をシラケさせてしまうようなことばや指示を「NGワード」として取り上げ、そこから「授業をうまく成り立たせるための工夫」や「どうすれば生徒は信頼してついてきてくれるのか」といった点について、具体的な方策を紹介してある。

　また、Part 2では、NGワードに関連した基本的な指導テクニックやトレーニング法、授業に生かせる素材などを紹介してある。いずれも、実際に筆者が中・高・大それに各種の研修で使って効果をあげているものなので、ぜひ自信を持って使ってみていただきたい。

はじめに

　物事を始めるには何にでもきっかけというものがあり、ときにはそれがことのほか大事なときもある。学校の教師にとっては、いや生徒たちにとっても、新学年や新学期は新しい方法を始める良い時期なので、そのときを見計らってタイミングよく本書に出ている方法を使って、生徒のやる気を出させると同時に、思い切った教室の活性化をはかっていただきたい。

　よく言われることだが、日本の英語教育がこれから新たな躍進を遂げるか否かは公教育の現場がどのくらい新たにやり直せるかにかかっているし、その現場が変われるかどうかはほぼ現場担当の教師に委ねられている。その意味では「教師のやり方次第」ということになる。もちろん、教師側にも教育現場の実情についての不満や言いたいことはたくさんあり、クラスサイズからおもしろくない教科書、雑務が多すぎるなど、挙げていけばキリがないだろう。しかし、困難ないまの状況だからこそ、とにかくやり遂げる「プロの英語教師」にならなくてはいけないわけである。プロの英語教師が増えていけば、現場は変わるのである。

　最後に、本書ができるまでには、全国各地で日夜、奮闘なさっておられる現場の教師の方々との数多くの話し合いが大いに役立った。また、研修や講演への参加者からは、ぜひその内容を早く本にまとめて欲しいとの要望が多く寄せられていた。早急に本にしますと返事をしておきながら、それから数年も経ってしまった。その意味では遅くなって申し訳ない気持ちと、お待たせしましたという喜びの気持ちが微妙に交差しているところである。本書をお読みいただいた方々にも、ご意見と現場での悩みなどをお寄せいただければと思っている。また、機会があれば困っている現場などにも今後とも、極力、足を運んで少しでも改善・改良の

はじめに

お手伝いをしたいと考えている。

　今回もつい遅くなりがちな筆者の原稿を気長に待っていただいた編集部の杉本義則氏との数多くの意見交換も、本書がより充実するための大いなる助けとなった。改めて、ここで感謝申し上げたいと思う。

　2011年7月

　　　　　　　　　　　　　　　　　　　　　　　　阿部　一

目　　次

はじめに ……………………………………………………………… iii

Part 1　英語教師の NG ワード集

1. 「もっと大きい声を出して！」……………………………………3
2. 「これは大事だからちゃんと聞いていなさい」……………………7
3. 「こんなのは簡単なはずだ」………………………………………9
4. 「これは覚えておきなさい」………………………………………12
5. 「丸暗記はダメだ」…………………………………………………15
6. 「ちょっと時間をあげるから練習してみなさい」………………21
7. 「何回か練習してみなさい」………………………………………24
8. 「ちゃんと前を見ていなさい！」…………………………………27
9. 「ことばは必ず場面や状況（文脈）で覚えること」……………30
10. 「ベルが鳴ったけど、もう少しだけ」……………………………33
11. 「日本人なんだから日本人英語で堂々と」………………………37
12. 「もう新学期かー」とため息をつくべからず……………………40
13. 「私には私流のやり方がある」……………………………………43
14. 「英会話は会話の練習をしないと
　　　できるようにはならない」……………………………………47
15. 「別にネイティブみたいな発音にならなくてもいい」…………50
16. "Very good!" を乱発するなかれ……………………………………53

17.	「何か質問はないか？」	57
18.	「そんなのは常識だろ」	60
19.	「板書するからノートに写すように」	62
20.	「中1でCNNは無理」	66
21.	「重箱の隅をつつくようなことはやっても意味がない」	70
22.	「5文型もわからないようでは…」	74
23.	「時間がないから、奇(偶)数の問題だけやろう」	78
24.	「俺についてこい」、「私の言うとおりにしなさい」	81

Part 2　トレーニング法＆資料編

1.	英語の発声・発音トレーニング	87
2.	発音指導のポイント	100
3.	子音発音の問題点	105
4.	教師の立ち方と発声トレーニング法	107
5.	ワンショット練習	112
6.	生徒を積極的に活動に参加させるには？	116
7.	授業で役に立つ日常生活語とはどんなもの？	122
8.	英語の種類を知り、足りない「英語種」の補足を	129
9.	コミュニケーション・ストラテジーの活用	135
10.	英語で授業をやるための英語表現集	143

Part 1

英語教師の NG ワード集

NGワード 1 「もっと大きい声を出して！」
―― どのくらいの声を出せばいいの？

　教員研修で、英語教師が授業で言ってはいけないことば（NGワード）の代表は、「もっと大きい声を出して！」ですよと言うと、参加者は一様に驚いた顔をする。中には1時間の授業で何度も言ってしまっています、と思わず頭をかく人もいるほどである。とにかく、よく使われているNGワードの代表格であることは間違いない。おそらく、現在、中学でも高校でも、あるいは大学でも現場の教師の大きな悩みの1つが、声を出すように言っても、とにかく声が小さくて何を言っているのかわからない、というものであろう。特に、思春期の生徒たちは人前で声を出すこと自体、恥ずかしいと思っているので、よほどうまく彼らの気持ちをつかんで出すように仕向ける必要がある。

　逆に言うと、生徒が元気に大きな声を出して英語を話したり、音読したりしているクラスは、必ずと言っていいほど英語は人気のある教科となっている。そのため、教師がいちいち「もっと大きな声で！」とか「もっと声を出せ！」などと言う必要はないのである。もちろん、英語の音読や口頭ドリルのときは声を出すことが必要だということくらい、教師も生徒も知っている。中学1年生のときにきちんと、「英語の授業イコール"声を出す"時間」と習慣づけておけば、2年生以降はそれほど声出しをさせるのに手こずることはないはずなのだが、現場で意外とこの点で苦労している教師が多く、授業中に何度も「大きな声で！」や"Speak louder!"などと、つい言ってしまう。

Part 1　英語教師の NG ワード集

　では、「大きな声を出して」が、なぜ NG ワードなのだろうか？これは多くの NG ワードに共通することだが、どうしてわざわざ大きな声を出してそれをやるのか、なぜそのような練習をする必要があるのかが、やる側もやらされる側もきちんとわかっていないからである。わかっていない漠然とした気持ちのままでは、生徒であっても教師であっても、「まあ、なんとか適当にやりましょう」とはなっても、積極的に前向きにやろうとはならないだろう。

　考えてみると、「もっと声を出して」というのは非常にあいまいな表現である。いったいどのくらいの声を出せば「大きな声」としてオーケーで、どのくらいならダメなのか、といった基準もないものを、教師は平気で押しつけてはいけないのである。以前見学した授業では、その担当教師の口癖が「もっと声を出せ」だったが、その教師の声のほうが生徒よりも小さいなどという笑い話のようなことが実際あるのである。おそらく、その教師自身もまさか自分の声がそれほど小さいとは思っていないはずである。なぜなら、そのようなことを測る機会も指導される機会も、大学での教職課程を含めてほとんどないからである（どうやって測るかは、この項の最後に紹介してあるので、すぐにでも教師同士でチェックして欲しい）。

　もう1つの問題は、注意をされる方の生徒は、教師にとっては何もそんな注意くらいでと考えるだろうが、多感な年頃である。やはり、いい気持ちはしないはずだし、生徒によっては皆の前で恥をかかされたと感じるかもしれない。その意味では、生徒の気持ちを普段の授業で何気なく傷つけている代表的な NG ワードと言えるだろう。

　では、どうすればいいかというと、中学1年のはじめなどに、自分で英語音を出す前にどのような姿勢で相手とどのくらいの距

1.「もっと大きい声を出して！」

離をとればいいのか、といった彼らのそれ以降の発音練習やペアワークなどで必要な姿勢や声の大きさなどをきちんと運動感覚で身につけさせるのである。こうした「英語学習の土台作り」が、英語の指導や学習を成功させる第一歩である。

どのようにするかというと、まずきちんと声を出せるようにするには、立たせること。次に、姿勢は真っ直ぐ、あごを引き、頭からつるされている感じで、足は肩幅くらいを守る。左手を軽く握ってあごの下に入れ、あごで軽くはさめるくらいのスペースを作る。これが基本姿勢である。さらに、近くのパートナーとお互いに向き合って、両手をまっすぐ伸ばして中指が軽く触れるぐらいの距離をとる。これが基本の距離である（詳しくは、pp. 88–9 を参照）。

単語でもフレーズでも文の練習でも、これをまわりの練習の声に勝って「きちんと聞こえれば」、その生徒の「声は大きい」のであり、自分の相手が耳のところに手をやって聞いていたり、耳をこちらに向けたり、聞くためにこっちに近寄ってきたら、それは「声が小さい」からである。

「声出し」に慣れてくるまでは、これを毎時間、最初の5分くらい続けるとよい。要は教師が「もっと声を出せ」と一方的に言うのでなく、生徒がお互いに練習することで、「あっ、これは自分の声が小さいんだな」と自ら気づかせて、練習して出せるようになる場を設けてあげるわけである。このあたりの段取りをそれとなくやるのが教師の大事な仕事である。場合によっては、英語そのものなどを教えることより、このような生徒のプライドを傷つけずに彼らが自らやる気を起こす工夫や場の設定のほうが、教師の重要な役割であり、このような仕掛けをうまくセットすることで、生徒は積極的な活動をおこなうようになるのである。

●教師の地声の大きさの測り方

　図のように、教師Aは教卓の位置で、黒板に背中が触れるくらいに立つ。同僚教師2人（BとC）に、それぞれ一番後ろの両端の席に座ってもらう。教師Aは、教科書の英文などを読み上げる。それを教師B、Cが教師Aの方に顔を向けて聞き取れるかどうかチェックする。

　その際大事なのは、BとCは耳を声の方へ向けたりしないことである。あくまでAを見ながら自然に聞き取れるかどうかである。間違いなく聞き取れれば、両腕で大きなマルを作ってあげる。聞き取れない場合は、両腕を交叉させてバツ印を作る。

　次に、声を出す方は同じように読み上げるが、聞く方は目をつぶってやってみる。特に、「ミニマル・ペア」（p. 68, 96参照）の単語を発音して、聞き取れるかどうか、チェックしてみるとよい。聞き取れない発音があれば、それが自分の弱い音（呼気か発音法に問題がある）である。

　教員同士で放課後などに空いた教室でやってみるとよい。また、新年度の始めに生徒とやってみると、生徒にとっても、教師が授業に対して熱意を持っていることが伝わるので、信頼感が高まる。

NGワード 2 「これは大事だから ちゃんと聞いていなさい」
――乱発せずに、重み付けを

　教師が教えているときに一番目ざわりなのは、「ここが大事だ」と思って熱が入って一生懸命に説明をしているときに、よそ見やボーっとしている生徒である。そこで、上のようなことをつい言ってしまう。もちろん、この教師の気持ちは痛いほどわかるし、客観的に見ても、なるほどそこは英語を学習する際には「大事なところ」である場合が多い。しかし、それにもかかわらず、上の何気ないひと言は生徒を混乱させるもととなる。なぜだろうか？

　もし、ある教師が 1 時間の授業で 1 回やせいぜい 2 回、この表現を使うのなら、確かにこの「大事だ！」という教師発話はよくわかるし、事実、効果的と言える。しかし、たいていの場合、数回にとどまらない。この発話を研究した報告によると、何と多い教師は 1 時間あたり 20 回もの「ここは大事だ」かそれに類した発話をしているし、平均しても 10 回くらいは何気なく言っているのである。そうなると、それらの 10 個の項目はわざわざ教師がお墨付きを与えた、その時間に学習した項目の中でも A ランクの重要項目ということになる。そして、当然、できる生徒や勉強慣れした生徒は、赤線などを引いてそれらすべてを覚えてしまうだろう。だから、「できる生徒」なのである。

　しかし、英語が苦手な生徒やできない生徒は、これらの次々と出てくる「大事なこと」、「重要なところ」でパニックとなってしまうのである。そして、いずれこれらに押しつぶされて英語嫌いが誕生することになる。ひどい場合には、学校で「これは重要」、

塾でも「これは試験に必ず出る必修項目」と言われ続け、好きでもなくやる気も出ない科目の覚えるべきことの多さに早々に「英語難民」になってしまう生徒が全国的にも相当数いるのである。

生徒の立場からすると、「先生、大事大事って言うけど、もっと絞ってよ!」、「さっき言った大事って言う3つのうちどれが一番大事なの?」っていうところだろう。つまり、教師にとって大切なことは、ただ「大事」ということばを乱発するのでなく、生徒の学習上、いったいどれがもっとも大事で次にどれなのかの「重み付け」をすることだろう。いい教師は共通して、このいわゆるpriming(目の前の生きた生徒たちの実態を肌で感じて、「この生徒たちにはまずはこれ!」という順序立て)が絶妙でうまい。教師はただ教科書やドリル帳をそのままやる仲介者ではなく、現場の最前線の指導者として、生徒の実態がよくわかっているゆえに、この「重み付け役」がとても重要な仕事となるのである。とにかく、乱発をやめて学習項目を絞り込み、本当に大事なところは時間をかけて練習をおこなうなどの工夫がとても重要である。

もちろん、重み付けを何らかの手段でおこなう手もあることはある。一番よく使われているのは、板書でのチョークの色分けなどであろう。ただ、実はこの板書もうっかりするとNGに入る(p.62参照)ので、少なくとも英語の授業では生徒の口頭活動(oral activities)を中心にして、あまり板書はしないようにしたい。ましてや、ときたま赤チョーク、黄色チョークに加えて青、オレンジなどいろいろな色チョークを使う教師がいるが、これでは本人はその違いがわかるにしても、生徒はそこまで器用に使い分けができない場合がほとんどである。このような「きれいな板書(?)」信仰というか自己満足はやめたい。重み付けの色使いは、「赤(=とても大事)」と「黄(=要注意)」のみで十分である。

NGワード 3 「こんなのは簡単なはずだ」
―― 「やさしい」と「難しい」の区分けを安易にしない

　英語教師の英語力や英語の知識は、それぞれある程度の違いはあっても、やはり英語を教えている立場なので、生徒よりも曲がりなりにも上にあるのが普通である（それこそ上になければ、とても現場で教えること自体が不可能である）。そのため、英語についての自分にとっては「当たり前の知識」や「初歩的な英語のルール」を生徒が間違えたりすると、「こんな簡単なこともわからないのか！」、「これは初歩的な間違いだぞ」、「こんなこともわからなくては、とてもいい大学へ行くのは無理だ」のように、自分の観点から英語の単語、文法などについて評価を下して、つい生徒に言いがちである。

　しかし、これも即刻やめることが必要である。生徒の立場からすると、そりゃあんたは英語が好きで得意で先生になったんだろうけど、自分はぜんぜん好きでもないし得意でもないから、気安く「簡単」、「基本」、「やさしい」などと言わないで欲しい、ということになる。教師や大人の立場から安易な判断をして押し付けることは避けなければいけないのである。要は、それらの項目のいったい何が難しくさせているのか、どうしてわかりにくいのか、なぜ間違えてしまうのかなどを、教師側がきちんと理解して、それらをスムーズに生徒が学習できるようにしてあげるサポートが大事なのである。「こんなのは簡単なんだから、できないやつが悪い」、「こんなのができなければもう終わりだぞ」といったようなことを絶対に口にすることなかれ、である。

Part 1 | 英語教師のNGワード集

　そもそも、我々教師自身が教える場合でも、あるいは教材を作る場合でもそうだが、あまりにも単純に「やさしい」と「難しい」を区別けし過ぎるきらいがある。これは今後、本当の意味での効果的な英語教育を考えるときに再考すべき重要な点である。指導要領でもその意を汲んで作られる教科書でも、たいていはやさしいと思われる項目や材料は中学校で扱われ、難しいとされるものが高校ということになる。

　そうなると、たとえば基本的な文型や文法などを扱うにしても、be動詞や冠詞a/an、あるいはthis/that、それにitなどは一見すると、もっとも簡単な項目で当然、中学校の最初（初級レベル）で導入ということになる。ところが、現実に英語を使いこなすということになると、これらはとてもやさしい項目ではなく、簡単に初級レベルで「もう習い終わった」などということはできない。

　単語にしても、前置詞のat, in, onなどや動詞のgoやtakeあるいはhaveなどがそうである。確かに、これらの単語に「〜で、〜の中に、〜の上に」や「行く、取る、持つ」などといった日本語を当てはめて、単純に理解するのなら（現実には、圧倒的にこのようなアプローチに終始してしまっているのだが）、これほどやさしい項目はないことになるが、実際にはそう簡単にはいかないのである。

　具体例をあげてみよう。たいていの場合、うっかりするとkeepとmaintainの2つの単語を見て、前者は後者よりも当然、「簡単」な単語だと決めつけてしまう。「保つ」対「持続する、維持する」などという日本語の訳語で比較されれば、確かにその通りの感じがする。そして、その意味では、keepは中学校レベルで、maintainは高校レベルとなってしまう。しかし、その使い方を含めた内容の難易度という点では、必ずしもkeepのほうが簡単で初級レベ

ルとは言えないだろう。もし、これが本当に簡単なもので初級レベルなら、高校生くらいになれば、ほぼ日常的なことを英語で自然に言えたり、書いたりできるようになるはずである。

　ところが、現実にはほとんどそのようにはなっていない。そもそも、この「簡単、やさしい」というのと「難しい」という線引き自体があいまいで、教師も生徒もはっきりしないまま学習しているところに、なかなか「使える英語力」が身につかない原因の1つがあると言えるのである。その意味でも、本物のプロの英語教師を目指す人は、安易にこの「やさしい」と「難しい」という切り分けを乱発しないで欲しいのである。

NGワード 4 「これは覚えておきなさい」
——覚え方がわからない

　英語を好きで、あるいは得意で教師になった人からすると、「こんなのは簡単だ」と同様、「このくらいはすぐに覚えられる」と勝手に判断してしまって、つい何気なく「覚えておけ」と言ってしまう。できる生徒はそれでいいだろう。ところが、中間から下の生徒（だいたいクラスで真ん中より少し下、すなわち下から4割くらいにいる生徒がうまくできるかどうかが、各種の活動や練習の切り替え時の目安となることを覚えておくといい）にとっては、「覚えておけ」と簡単に言う教師のことばによって沈没してしまうのである。

　なぜ「覚えろ」だけではまずいのかと言えば、その理由はただ1つ、「覚え方がわからない」からである。したがって、教師は授業で英語の知識そのもの以上に、「それらをどのようにすればうまく覚えられるのか」（learn how to learn）を具体的に示すことによって、「さあ、こうすれば覚えられるだろ」と彼らにもその場で納得させ、自信を持たせ、やる気にさせる必要があるのである。

　では、それを具体的におこなう場合には、いったい何が大切なのだろうか？　大切なことは大きく2つある。1つは、英語がよくできない生徒や覚えろと言われても簡単には覚えきれない生徒には、知識として理屈で理解させるのがなかなか難しいということである。その場合は、それこそ頭での理屈ではなく、繰り返して口で言ったり手で書いたりして、いわばスポーツのように身体で覚えていくように仕向けるわけである。

また、覚えるべき知識の量や時間の制約といった問題もある。覚える量が多いと、ある項目は説明を聞いて何とか理解できたのに、また次の項目ですぐに落ちこぼれてしまうということになりかねない（彼らが毎日覚えなくてはいけない知識は、なにも英語だけではない）。そのために、思い切って教師も覚えるべき知識を「削る」勇気を持つこと、そしてそれを実践して絞る込むことである。

この2点に留意して指導することによって、どちらかと言えば下位グループの生徒に自信とやる気を起こさせるわけである。

そして、筆者の知る限り、これらの使い分けさえ勘どころを間違えずにできれば、ほぼどのような生徒でも、次第にやる気が出てきて、しかもやれるようになるのである。数年前から、教員研修の場でも、もしこのような方法でやってもうまくいかないときは、筆者がお助けマンで手伝いに行きますよとアナウンスしており、実際に年に約20校ほど授業改善のお手伝いをしているが、やればやるほど、つくづく、ぜんぜん元からダメな生徒なんていないんだなあ、というのが実感である。

確かに、指導するといっても学習する（覚える）のはあくまで生徒自身の責任なので、教師の仕事は「これとこれは重要だから覚えてもらう」と絞り込んで、生徒に提示して覚えさせ、ちゃんと覚えたのかどうかをチェックすればいいことになるだろう。そうやって、ちゃんと覚えてチェックでもマルをもらった生徒はできる生徒だし、そうでない生徒はできない生徒というわけである。もちろん、英語力といっても、コミュニケーション能力という観点からは、いったいどこまで彼らがうまく覚えられて、習得に成功しているかは、そんなに簡単には判断できない。

1つだけはっきりしていることは、教師が「教える」ことで生

徒が「覚えていく」にしても、その覚え方を指導することに加えて、生徒が自分のスタイルに合わせた工夫や覚え方を自分なりに開発していけるように、ヒントを与えたりそう仕向けてあげることが大事だということである。

　よく「生徒のできがよくないのは、教師の教え方が悪いせいだ」と言われる。これは実にあいまいな表現であり、それに対して、現場で悪戦苦闘して教えている教師は、ことはそんなに単純な問題ではないと反論したくなるだろう。生徒自身のやる気や家庭学習などの責任はどうなんだという愚痴が出るかも知れない。しかし、生徒にただ「覚えろ」と言うだけでなく、その覚えるための具体的な活動や工夫を率先して進めるとともに、彼らの自分流の学習ストラテジー（learning strategy）を側面からサポートしていったり、授業外でも彼らの学習意欲が高まっていくように、火付け役や盛り立て役になることは、教師にとってとても大事な仕事である。

NGワード 5 「丸暗記はダメだ」
―― 暗記もゲーム的に

　これもよく現場で教師は生徒に言いがちだし、第一、その前に大学の教職課程の講義や教員研修などでも英語教育の専門家が「丸暗記（英語ではよく rote-learning と呼ばれる）はダメで、必ず意味づけや場面や文脈と一緒に指導することが必要」と言うことが多い。とりわけ、大学や養成機関でコミュニケーション重視の英語教育やタスク中心主義の英語教育などを頭だけで教わって、現場に入ってくる"優秀な教師"には、「丸暗記なんて工夫もなにもない時代遅れで最低の指導法」だと考える者が少なくない。

　確かに、理屈はその通りではあるが、現場力の観点からは「丸暗記させる、丸暗記をする」ことも時には必要なのである。もちろん、適当にやるのはダメで、いつ、どんな形で、何を暗記や暗唱させるかの見極めがとても大事である。そのためにも、普段から教科書や関連教材を吟味しての「精選化」というのが教師の重要な仕事である。

　英語の教師には当然のことながら、それまで英語を相当勉強した人が多いので、昔はよく言われた３キ（根気、年期、暗記）はたいていの人が経験しているはずである。もちろん、英語を丸暗記だけでマスターしたような人はいないだろうが、かなりの量を暗記しているはずである。しかし、なぜか自分が教育の現場に立つと、訳知り顔で「丸暗記などはすぐ忘れるからダメだ」と批判に転じる人が意外と多い。

　では、なぜあえて暗記をさせることが時には重要で必要なのだ

Part 1 | 英語教師のNGワード集

ろうか、またどういったところで必要なのだろうか？ その答えとしてあげられるのは、現場ではまず指導できる時間が限られていることである。本当は学習項目をきちんと十分な説明やら解説をしてあげて、生徒の理解を図り、その上できちんと意味のあるドリルをすることで定着を図れれば理想的である。

しかし、現場ではとてもいちいちそのようなことをしている時間的な余裕はない。単語にしても文法項目にしても、それだけでもかなりな量になる。かといって、それらが「すぐにすらすら言えたり書けたりするレベル」に達していないことには、中2や中3、あるいは高校になっても、まともな言語活動やコミュニケーション活動はできない。そう、まずは一定量の活動ができる核（芯と言ってもよい）が必要だし、学習の過程でも、随時、余計な説明・解説抜きの暗記・暗唱練習をあえておこなうことは、とても大事なことなのである。

確かに、暗記と言っても単語集の単語をただ丸暗記しただけではほとんど役に立たないし、第一、覚えたと思ってもすぐに忘れてしまう。1つのやり方は、ひとりでは孤独で空しい戦いになりがちな単語の暗記でも、それを授業で5分でも、いわゆる「1秒返し」のペアでおこなうドリル練習にすれば、ゲーム性が出てまるっきり異なったものになり、あっと言う間に、あまりできないはずの生徒でも、100語、200語と語彙数を増やしていくことができる。

なお、「1秒返し」とは、英語ですぐ日本語、日本語ですぐ英語が答えられるようにする練習法である。ペアになって、ひとりが単語リストの中の英語（または日本語）を読み上げ、相手が日本語（または英語）を答える（単語リストの例は、本項の最後に紹介してある）。それを1秒以内で行うのである。1秒というのはあくま

で目安だが、とにかく「正確にすばやく言える」ようになるためのキーワードなので、この時間を目指して頑張らせる。この場合、英単語の和訳は1つにしぼることがポイントである。また1日で12語くらいが覚えやすい。なお、この練習法は、単語だけでなく、決まり文句や文でももちろんできるので、応用範囲は広い。

では、このようにして暗記できた単語の使い道はいったい何だろうか？ 実は「単なる丸暗記」と馬鹿にできないほど、使い道は広いのである。

1. 英語の学習の成功・不成功の鍵は「語彙力」と言われるほど、語彙をきちんと増やすことが重要で、極端に言えば、語彙力が豊富な生徒に英語のできない生徒はまずいない。
2. 英語ができないとされる生徒はほとんどの場合、英語の核であり土台ともなりうる基本的で重要な単語（たとえば、中学生で1200〜2000語くらい）をほとんど受容（receptive）レベルでも知らないので、まずあれこれ理屈を言う前にとにかく丸暗記であれ何であれ、英単語の「雪だるまの芯」作りをさせる。これができれば、あとはいわゆる「雪だるま効果」(snowball effects)で、単語がどんどん吸い付いてきて大きくなる。

もちろん、何でもかんでも丸暗記しろ、では能がないし生徒の負担も多く、つまらない学習になってしまうおそれがあるが、使い方によっては生徒の自信とやる気がわいてくる大きなステッピングストーンになりうるのである。そして、授業の中でその暗記の仕方をどのようにうまく楽しくやればいいのかを体験させてあげるのが、教師の大事な仕事の1つである。もちろん、その場合、

生徒たちが教師を信頼しており、その教師について行くということが大前提である。

英語指導の達人と呼ばれるＳ先生の授業をかつて見たときに、いつもはいろいろな道具を使い、おもしろくてわかりやすい説明中心のスタイルが、あるとき真剣な顔をして「今日は何にも言わずに黒板に大きく５つの文を書くので、それを見ないで"一息で"スラスラ言えるまで練習しよう」(いわゆる、「ワンショット練習」)と指示したが、生徒も真剣になっていかにすばやくスラスラ言えるようになるかを競い合っていたことを思い出す。

そう、Ｓ先生は教科書の新出項目と生徒たちの理解力を検討してみて、この文法や文構造は下手にゴチャゴチャ説明するより、まずは典型的な文をスラスラそらで言えるようにさせて、応用させるようにしていこう、と「スポーツ化」のアプローチを取ったわけである。そして、生徒たちはだれひとり途中でもう飽きたと言うこともなしに、Ｓ先生を信じてついていったわけである。ちなみに、そのときの英文は１つの文が平均15語もの長さであった。

5.「丸暗記はダメだ」

●「1秒返し」の単語リストの例

◇「基本 1500 語レベル（名詞編）」の場合
〈教養・学問〉

1日目

advance	進歩
advice	助言
blood	血液
bone	骨
brain	脳
cell	細胞
chart	（一覧）表
chemical	化学の
code	暗号
comment	論評
debate	論争
definition	定義

2日目

detail	詳細
distinction	区別
distribution	配分
division	区分け
doubt	疑い
education	教育
effort	努力
electricity	電気
element	要素
emphasis	強調
engineering	工学
evidence	証拠

3日目

exercise	運動
experience	経験
experiment	実験
factor	要因
foundation	基盤
freedom	自由
health	（心身の）健康
heart	心
implication	含み
impression	印象
information	情報
instance	（論拠となる）実例

Part 1 | 英語教師のNGワード集

◇「日常生活語」の場合

和英で日常生活に密着したものを厳選し、「日本語」を出して、1秒以内で右の「英語（表現）」が出るようにする。

〈駅にて〉

お手洗い	rest room
階段	stairs
まっすぐ前方に	straight ahead
〜の頂上で	at the top of〜
飲料水	drinking water
改札口	ticket gate
中央口	central gate
東口	east gate
西口	west gate
北口	north gate
南口	south gate
自動切符売り場	ticket machines
切符売り場	ticket window
通路	passageway
終電	last train
待合室	waiting room
お忘れ物取扱所	Lost and Found

NGワード 6 「ちょっと時間をあげるから練習してみなさい」
——「ちょっと」ってどのくらい？

　典型的な現場の指導手順を見ていくと、教師は黒板などで説明した本日の目玉となる機能表現や重要構文などを手がかりに、生徒たちにそれを使ってのペアやグループでのタスクを使った活動をさせることが多い。（本当は、表現や構文の理解と定着のため、発音や文法的な正確さを含めて、教師主導のメカニカル・ドリルをもっとこなしてからそれらに移行すべきなのだが、どうしても、最近はやりのコミュニカティブやタスクなどといった用語にかき消されてしまって、機械的な単純ドリルはほとんどおこなわれていないために、表現や構文のあらが目立つ。）

　そして、タスクワークに入るときに、あるいはそこまでいかなくても、「各自で本文を読んでみろ」、「各自調べてみろ」、「じゃ、問題を解いてみろ」といった指示を与えるときに、実に多く使われているのが、この「ちょっと時間をやるから」や「じゃ、ちょっとやってみろ」といった指示表現である。確かに、この表現は教師発話の中に実に頻繁に登場しており、多い教師は1時間あたり12回も使っている。ほぼ、5分に1回の割合で指示しているわけで、生徒に活動させているという意味では、ただ一方的に教師がしゃべって進める独りよがりな授業などよりもずっと望ましいかもしれない。

　しかし、それにもかかわらず、この表現やこれに類した表現はNGワードであると認定される。なぜだろうか？　この「ちょっとやってみろ」や「ちょっと時間をやるから」というのは、よく考

えると実にあいまいでいい加減な指示だということがわかる。

　真剣にやろうと身構えている生徒（このような生徒をひとりでも授業を通じて作り出して行くのが本書のねらいでもある）からすれば、「先生、真剣にやるけど、もらえる時間は3分ですか5分ですか、それとも10分くらいたっぷりもらえるのですか」と、それこそ聞きたいところだろう。教師の指示のもと、生徒が納得して真剣に練習などに励むためには、彼らに目安として具体的な数値目標や時間設定を与えるべきである。「ちょっと練習してみろ」ではなく、「4回連続して一息で間違えずに言えるようにしてみろ」というように言えば、わかりやすく具体的な目安として生徒も励みになるし、「ちょっと時間をあげるから」ではなく、具体的に「3分あげるよ」と言い切る形式にしたほうがよい。

　このように具体的に時間を指示するのは、実は時間の管理が目的でもあり、教師も真剣に、時間を1分たりとも無駄にしないで皆の英語力を高めてあげるからね、という無言のメッセージを込めて伝えるべきである。現場でこのように時間をきちんと出したほうがいい理由は他にもある。それは生徒にある意味、「時間意識」（time consciousness）を早い段階から持たせるためである。

　残念ながら現在は、英語だけでなく他の教科でもテストは生徒にずっとついて回る。英語は特にその種類が多く、入学試験をはじめ、中高生は英検、大学生や社会人はTOEICなどを受けざるを得ない。そして、そのときは1つの問題を何秒くらいで解けばいいのか、Part 5は何分くらいで攻略すればいいのか、といった時間配分が、その合否や得点の違いを大きく左右することは、実証的にもある程度わかってきている。となれば、早い段階から「1分の感覚」や「15秒の感覚」などをそれとなく、ドリルや練習の指示のときにうまく身体感覚でつかませるのである。そのための

指示として、より負荷をかけて時間を意識させたタスクにするとよい。いわく、「じゃ、ここでペアワーク練習だよ。時間は2分17秒！」。

　このような指示に慣れることで、文字通り自分の身体で時間感覚を身につけた大学生のY君は、「TOEICのような時間との勝負のテストでは、あの身体で覚えた時間意識が最強の武器でした」と述懐している。海外経験も特にないのに、受験1回目でいきなり910点を取ったというから、もちろん本人の努力もあったのだろうが、本人も言うように、筆者が授業で、秒単位までの意識を持たせるため、「1分9秒！」、「3分24秒！」、「48秒！」などとわざと中途半端な時間指示をしたのが、TOEIC受験などに対応して成功したことは間違いないだろう。

NGワード 7 「何回か練習してみなさい」
——いったい何回なの？

　これは前項であげた「ちょっと時間をやるから」というのと似ていて、実際に授業でも実にひんぱんに耳にするNGワードである。もちろん、その意図するところはわかるし、たいていの場合、生徒も別に疑問を抱かずにそのまま指示にしたがって活動するのが普通である。では、なぜNGワードで、避けなくてはいけないのだろうか？

　実はうるさい生徒からすれば、「先生、何回かって、何回練習すればいいんですか？」ということになる。つまり、間違えずに「正確に」1回きちんと言ったり書いたりするのと、とにかく「なめらかに」すばやく5回言ったり書いたりするのとでは、その意図はまったく違ったものになってしまう。これら2つをごっちゃにしたまま深く考えずに、「まあ、2〜3回くらいやってみろ」といったある意味、無責任な指示では、生徒も適当にやるだけになってしまい、何のためにやっているのかの自覚も薄い。

　何度も言うが、効果的な授業をおこなうためには、このような「何となく」という態度や雰囲気がもっともまずい。教師の指示には絶えずきちんとしたねらいや意図が隠されており、やっている生徒たちにもそれがいったい何のための練習なのか、活動なのかということが伝わるものでなければ、生徒も真剣にはやる気が出ないだろう。

　たとえば、同じ時間で練習させるにしても、間違えずに1回きちんと、と「正確さ」を重視するなら、クラスの4割レベルの生

徒（下から4割くらいのレベルにいる生徒）を念頭に、その子なら1回だろうとして、「1回正確に！」だし、「なめらかにすばやく」の練習なら、その子なら3回は行けるだろうとして、「3回なめらかに！」という指示になるだろう。もちろん、もっとできる生徒がそろっているのならば、思い切って「いい？ 3回正確に、しかもなめらかにだよ！」という指示でもいい。

　当然のことながら、終わってからのケアも大事である。文読みや対話など口で言う練習の場合、「正確さ」を重視するなら、「声の大きさは？ 発音は？ 英語らしさは？」など、生徒同士でチェックできるようなペアワークなどが望ましいだろう。書く活動の場合は、「スペルミスは？ 単語の間違いは？」など、隣同士で書いたものの相互チェックをさせるといい。

　もちろん、いつも同じパートナーでなく、組ませる相手をそのつど変えることと、判定やチェックに自信がない場合でも、「自分の聞き間違いかも知れないけど、she と see の区別がつかなかったよ」や「自分にはこのつづり字が v というより u に見えたよ」のように気づいたことを相手に言ってあげるようにさせることが、大事である。

　一見、こんなことをすれば時間がかかりそうな感じがするが、やり方次第では、「ちょっとやってみろ」などと指示して、「どうだ、ちゃんとできたか？」などと漠然と聞いている時間で十分にこなせるものである。もちろん、特に生徒同士で「正確さ」の判定に困ってしまった場合には、手をあげて教師の判断を仰ぐようなことも付け加えるようにしておく。ティーム・ティーチングなどで ALT がいる場合には、それこそ活躍の絶好のチャンスである。

　ここで大切なのは、英語力のあるなしにかかわらず、いろんな

Part 1 | 英語教師のNGワード集

人に自分の英語を聞いてもらったり見てもらって、何かコメントや感じたことを自由に言い合える雰囲気作り、クラス作りを心がけるようにすることである。そうすると、当然活気が出てくるし、英語がそれほどできない生徒でも徐々に乗ってくるようになるものである。いつでも英語が得意でできる生徒たちだけが活躍できるようなクラスでは、一部が盛り上がっても、全体での明るく活発な活動や練習風景を期待することはなかなか難しいものである。

　しかし、ここで述べたようなやり方なら、英語があまり得意でない生徒もできない生徒もきちんと活動に参加して、いい雰囲気ができあがるものである。そうなれば、しめたものだ。英語の授業の活性化では、このクラスの下位の生徒たちをいかに巻き込むかがとても重要な鍵となることをここで改めて確認しておきたい。

NGワード 8 「ちゃんと前を見ていなさい！」
—— 前ってどっち？

　教師の指示というのは授業を盛り上げたり、練習を効果的におこなったりするときの「鍵」となるものである。ところが、これが多くの授業を見た感想から言うと、とても合格点をつけられない教師が多い。不合格の理由は主に2つに集約される。1つは「何のためにやるのか」があいまいな指示である。その活動の意図や目的がはっきりしないままやらせるというケースで、どうしても盛り上がりに欠けるし、やり切っても達成感が味わえないことが多い。

　もう1つは、指示自体があいまいで生徒が戸惑ったり、右往左往してしまうようなケースである。実はこのようないい加減な指示を出す教師は現場に意外と多く、生徒たちも慣れっこで、実際にはまあこんなことを言っているんだろうと解釈してそれぞれ活動に入るようだが、このような「力と信頼感のない指示」では、生徒たちの気持ちをつかむことは難しい。

　前者の問題は、主に教師自身が指示する練習や内容をよくわかっていない場合に見られる。ひどい教師になると自分もやったことがないような練習を、「とにかくグループを作れ」とか「何でもいいから空いた紙を準備しろ」のようにあいまいな形で指示してしまう。そうなると、生徒からは、「グループは何人で作るんですか」、「紙はノートでいいんですか？」、「何枚ですか？」、「小さくてもいいですか？」のような、ちゃんとした指示ではまず出ないような質問が次々飛び出すことになり、このようなことで無駄な

時間が使われてしまう。

　指示は、できるだけ簡潔に必要な情報を入れた形でする必要がある。たとえば、「教科書は閉じて、机はそのまま、椅子だけ動かしてまわりの4人で向かい合う」とか「（紙を示して）このくらいの用紙を1枚準備してくれるかな？　下書きの用紙でも、ノートの切れ端でもいいよ。何も適当なものがない人はここに広告用紙を準備したので、この裏を使ってもいいよ。必要な人は急いで取りに来てくれる？」とテキパキ要領よくアナウンスするとよい。

　指示で難しくてあいまいになりがちなのは、実は「前を見ろ」、「こっち見て」、「右を見て」、「右側の人」、「左から3番目の生徒」などの表現である。教師はたいていの場合、自分が「こっち」であり、「前」であると思い込んでいるので、何かあるとすぐに「おい、ちゃんと前を見ていろ！」と何気なく言ってしまう。先日も、ある授業を見ていたら、「じゃあ、みんな前を見て」と教師が指示したとき、何人かは前の黒板でなく、声のする後ろの教師のほうを見た生徒がいた。笑い話のようだが、うっかりすると「右を見て」と言われても向かって右なのか、教師の右側なのかがあいまいなことがしょっちゅうある。

　今後は、「オール・イングリッシュ」の授業がより求められてくるので、あいまいな指示では、指示の英語で生徒がつまずくようなことになりかねない。

　このような指示は、とにかく学期はじめなどのスタート時点できちんと一度、約束事として決めておけば、まず問題は生じないはずなので、ぜひそのあたりをばかばかしいとは思わずにきちんと決めておきたい。その上で、p. 143 に、最低限の英語の指示文をあげておいたので、教室でも使ってみて、少しずつ英語の教室としての雰囲気も出していって欲しい。

8.「ちゃんと前を見ていなさい！」

　なお、最後に教師の指示で思い出すのが、ある学校で生徒からの要望（p.34「7つの約束」を参照）をまとめていたときのことである。何人かの生徒が、「教師が簡単な質問を出したときに、前のほうの一定の人だけに当てないで、まんべんなく当たるように気をつけて欲しい」と書いていた。なるほど、その教師は下の図のアミ掛けの部分になにかというと当てるクセがある。

　もちろん、きちんとした発表や名簿を片手で評価する質問などのときには、「次は...」と教室を見渡して慎重に当てていたが、どうしても、説明の途中で「ほら、この前やった...？」といって気楽につい同じところの生徒に当ててしまうわけである。筆者はこれを、ちょうど釣り堀で同じ釣れる場所に何度も糸をたらすのになぞらえて「釣り堀指し」と呼んでいるが、教員研修などでこのことに触れると思わず何人もの教師がハッとした顔をする。心したいものである。

NGワード 9 「ことばは必ず場面や状況（文脈）で覚えること」
——機械的ドリルも必要

　現在では、やや熱も冷めたが、少し前までは「コミュニケーション重視の英語教育」が錦の御旗ばりに、幅をきかせていた。国内外ともに、ターゲット文の練習などは、とにかく場面と密着させてやらないとまったく意味がないという声が圧倒的であった。

　たとえば、だれも走っていないのに、He is running. などを何度練習しても意味がない。それが使われる状況を設定して、それが使われる必然性をつかませろ、というわけである。もちろん、その言わんとしていることはわかるし、かつて一世を風靡した「文型練習」（Pattern Practice）がもっとも批判されたところは、実はこの機械的で単調なドリルであったのは事実である。

　また、日本人はとにかく頭で理解する人が多いので、理屈でわかるものを何度も何度もくりかえすような単調な、それこそ「意味のない」活動を嫌がって、かなりの生徒が練習に飽きることが多かったのである。そのため次第にこのようなドリルは姿を消して場面設定のロールプレイなどが持てはやされてきている。

　しかし、現場力の観点からいうと、日本という英語を使うのにはハンディーのある環境で、生徒たちに本当の意味での英語力をつけさせて自信を持たせてあげるために、いまもっとも重要な練習法（定着法）の１つが、皮肉なことに実はこの「捨てられたはずの機械的ドリル」なのである。

　英語教育のマクロ的な潮流からすれば、現在のコミュニケーション重視やタスクを中心にすえたような英語の指導が必要なこ

9.「ことばは必ず場面や状況（文脈）で覚えること」

とは事実であるし、その流れは基本的には今後とも続くであろう。しかし、それらが実際に機能し本当の英語力が身について教室が活気立つためには、どうしても前提が必要である。しかし、華々しい「コミュニケーション」や「タスク」などの表看板にかき消されて、ある程度「なめらかで正確」(fluent and accurate) に言えるようにするための地道な基礎訓練が圧倒的に欠けている。

すなわち、基本的な項目や文などが言えないのに、いきなり場面を設定してのロールプレイやタスクでは、不完全ではあっても骨太な英語が飛び交うことは難しい。さらに悪いことに、国際化時代の英語や日本人は日本人英語で堂々と言えといった風潮も、単調な繰り返し練習の軽視につながっている。

もちろん、注意しなくてはいけない面もある。かつての文型練習がなぜ批判されてすたれていったのかというと、ただの口パクだと揶揄されただけでなく、それ自体が目的化してしまったためである。つまり、すらすら正確に言えれば、まわりはその生徒たちはすごいと思うし、うっかりすると本人も自分は英語ができると錯覚してしまうわけである。

しかし、これは上のコミュニカティブな場面と密着した形での活動をやる際の大切な土台になるという位置づけであり、教師も生徒もその理解をきちんしておくことである。そして、あくまでコミュニケーション重視やタスク中心の授業展開をおこなうにしても、中学１年などの初歩・初級のレベルではまず音声訓練を含めた基礎訓練をみっちりと「基盤作り」としておこなうこと、それ以降はロールプレイでもペアワークでもやっていて、ちょっと気になるところ（発音、文法、流暢さなど）があれば、そのときにそこで足踏みしつつ、機械的ドリルをおこなうわけである。

つまり、コミュニケーション能力の養成を図る英語教育の機軸

を守りつつ、随所で臨機応変に上で述べたようなドリルを取り込んで行くようなアプローチである。その場合に最大のターゲットは「形のチェック」であり、とにかく場面などは無関係に問題点にフォーカスを当てた徹底的なドリルが必要である。これは生徒との信頼関係ができて慣れてくれば、けっこうどんなレベルの学校でも生徒は熱意を持ってやるものである。

ただし、その場合のポイントは、その練習に時間を取り過ぎないようにすることである。せいぜい3分以内くらいで、教室全体、列ごと、グループごと、個人当てをやるという習慣をつけることが大事である。なお、個人当ての際、教師は、この生徒ができるようになったら次に進む、といったようなメルクマールを各クラスで何人かずつ持っているとよい。その生徒がうまく言えないときは全体でリピートするなりで、また別の個人に振ること。とにかく、ひとりの生徒にかかりきりにならないことが大事である。

このような習慣が身につけば、いちいちこれが大事だとか、このような誤りがどうのこうのと言わなくても、生徒は身体で敏感に感じ取るものである。もう一度繰り返すが、授業の機軸はじっくりと「コミュニケーション重視」でいいが、必要なときには横で足踏みしながらの「形」にこだわったドリルをスピーディーにおこなうことである。

実践する上で必要となる「現場力」からは、このバランスがとても大事であり、これが崩れるとコミュニケーション重視の授業でもっとも問題となる、"大小誤りのオンパレード"になるし、かといって、上のようなドリル練習だけがかつてのように表に出てしまうと、「場面に応じて使えない」、「単調でつまんない」といった問題が生じることになってしまう。この点は二度と失敗しないようにきちんと再確認しておきたいものである。

NGワード 10 「ベルが鳴ったけど、もう少しだけ」
―― 生徒との「7つの約束」

　教師と生徒の関係の基本は、「尊重してあげる」（respect）と「信頼する」（trust）というものである。とにかく、教師は、英語ができるできない、態度がいい悪い、気に入る気に入らないなどにかかわりなく、どの生徒に対してもそれなりに一個人として尊重して接してあげるということである。しかも、これは単なる理念ではなく、実践できなくてはいけない。もちろん、勤務先の生徒の質や雰囲気にもよるが、単に理念だけでその態度で接すると、たちまち馬鹿にされたり甘く見られて、すぐ立ち行かなくなることは目に見えている。

　では、どのようにして教師は生徒との信頼関係を作り出して、どう協力してもらえばいいのだろうか？　もっともやりやすい方法は、君たちを respect しているのだと具体的な形で表すことである。それには新学年や新学期の「事始め」のときがよい（p. 40 参照）。もちろん、慣れている教師や有能と言われている教師なら、ことばだけでもすんなりとこの関係を作ることは可能である。生徒側ももうすでにその教師のうわさや実力のほどを聞いているので、直接その教師に言われればそれが現実化しやすいからである。

　しかし、新任だったりあまりいい評判でない教師の場合、もし約束をするとなると、単にことばだけだと、どうしても迫力もなく、ことばとのギャップを突っ込まれてしまうおそれがある。この突っ込みに軽く突っ込み返せるくらいの教師なら問題ないのだが、なかなかそこまでの「現場力」を持った教師はいない。

では、どうすればいいのかというと、単にことばで respect と言うのでなく、生徒たちに「それなりのことばの裏づけとなる担保」を差し出すことである。担保として教師側からあえて、覚悟の「7つの約束」を持ちかけるわけである（p. 36 に例をあげてある）。これらを約束した上で、教師側から各種活動や練習、時間の指示などの遵守を生徒にも求めるわけである。

一番簡単なやり方は、新学期を機に生徒に小さく切った何も書いていない紙を配って、「これから授業をやるに当たって、先生、これだけはやめて欲しい」というものを自由に書かせることである。数は限定しなくともいいだろう。また、前の年の授業や他の教科の授業でやめて欲しい、やめて欲しかったものでもいいので、書くように言うのである。

書かせると、どのような回答が多く出てくるだろうか？ 実はこの4月の「7つの約束」は、筆者も何度もやったことがある。中には「厳しくしないで欲しい」や「宿題を出さないで欲しい」といったような自分勝手なものも出てくるが、実は生徒はこのようなフィードバックの機会はあまりないので、意外と真面目に本音で答えてくれる。一番多い要望はなんだかおわかりになるだろうか？ 実はたいていの場合、もっとも多い要望は「ベル（あるいはチャイム）が鳴ったらすぐ授業をやめて欲しい」というものである。

よく考えれば、実に当たり前のことを生徒は要望しているのであって、この点は教師側は反省すべきである。しかし、現実には、ベルが鳴ってもすぐにはやめない人がほとんどだろう。「最後にここだけは重要だから」とか、「ベルが鳴ったけどもう少しだけ」、あるいはひどい場合には、時間が足りずに本文のテープを流せなかったので、チャイムが鳴っているのにダブらせて流すような教

10.「ベルが鳴ったけど、もう少しだけ」

師もいるのが現状である。

　このように、形だけでも流すのは教師にとってはいいのかも知れないが、生徒にとってはとても落ち着いて聞く状態ではないし、これで教師に信頼感を持てと言っても無理である。困ったことに、この休み時間にかかってしまうのは、いい加減な人でなく熱心な教師ほど多く見られる。つい指導に力が入ってしまい、「何とかこれだけは」という気持ちもわからないではないが、生徒との約束をするのであれば「キッパリとやめる」しかない。

　生徒は意外と教師のことを見ているもので、生徒をうまく動かし効率のよい練習や活動をさせるには、「時間管理」（time management）は絶対に必要であり、ここをいい加減にすると効果的でいい授業とはなりえない（p. 22 参照）。時間は限られているので、その中で教材の中の重点的な練習などに時間を割いていくような「重み付け」が必要になるのである。しかも、今度はベルが鳴ったら即ストップとなると、連絡や次回の予告、宿題のこと、質疑応答までをその時間内で終わらせることが必要になってくるわけであるから、当然、教師にもいい意味での緊張感が生じてくる。そうなると、生徒と向き合う授業は、文字通りの真剣勝負となるわけである。

Part 1 英語教師の NG ワード集

> ●「**7つの約束**」の例
> 1. ベルが鳴ったら必ず時間通りに授業を終える。
> 2. 指名はできるだけまんべんなく。
> 3. 板書は規定の範囲に規定の大きさでしかしない。
> 4. いつも CD で模範英語を流すのでなく、ときには自分がモデルで言ったり、読んだりする。
> 5. 教えるよりも一緒に伴走してあげる。
> 6. 指示は簡潔でわかりやすく、具体的にする。
> 7. やっていることは自分も納得、生徒も納得できるものにする。

NGワード 11 「日本人なんだから日本人英語で堂々と」
──イデオロギーを押しつけない

　たとえば、最近A子さんからこんな話を聞いた。彼女が中学に入って最初の教師は、「英語はリズムに乗って、なめらかにカッコよく言えるようにすると好きになるし、うまくなる」と言い、発音を重視して時間のある限り発音指導をしてくれた。希望者には昼休みを使っての指導もしてくれたという（現在ではなかなかここまではやってもらえないので、この生徒たちはとてもラッキーである）。

　やはり、初歩の段階では発音は基本となる。A子さんは自分でも生の英語の発音はカッコいいと思ったので、その教師の発音を極力まねる形で、家でも思い出しながら何度も練習した。そのため、教師の覚えもめでたく、英語で答えたり、教科書の音読をしても、いつも "Excellent!" や "Very good!" とほめられ、「その調子でやると、どんどん英語がうまくなるぞ」と励まされたのだという。

　ところが、次の年にその教師が転任になってしまい、代わりに英語の担当となった教師が発音などにはまったく興味なく、「日本人は堂々と日本ナマリでやれ」、「外国人に媚びたような変な発音はやめろ」派。これでA子さんは、せっかく出だしが好調だった生きた英語の練習熱も冷めて、英語はただの「教科としての英語」、つまり学校の勉強に変わってしまったのだという。

　ここでNGだったのは、「日本人的英語でいいんだ」といった教師個人の信じるイデオロギーをそのまま、英語の発音のかっこ

よさに感動してそれに少しでも近づきたいと努力している生徒たちに向かって言ったことである。せっかく英語の響きにあこがれてやっているのなら、なぜそこで励ましてあげなかったのかである。

　授業でも教科書でも、「平和」だとか「環境」だとかの大人の一方的な価値観がイデオロギー的に顔を出すと、とたんに教室がシラケて生徒もやる気をなくしてしまうことがけっこう多い。英語の響きがかっこうよくて英語学者になって歴史に残る大著をあらわしたデンマークのイェスペルセンなどの先例もあるではないか。

　もちろん、単に教師が代わったからといって熱が冷めるような生徒では何事もモノにならない、と批判するのは簡単だが、特に小学校や中学校のような多感な段階では、生徒にとっては教師の言うことのインパクトはとても大きいので、くれぐれも生徒のやる気を削ぐような言動だけは慎みたいところである。

　確かに、新しく担当になった教師が言っている「日本人は堂々と日本人ナマリでやれ」、「日本人的英語でいいんだ」というのは、いまのグローバル時代の国際英語の考え方からすると、イデオロギー的には間違ってはいない（もちろん、「通じる度合い」のいわゆる intelligibility という問題はあるが）。しかし、前の年にその生徒たちがどのように習ってきたのかを知らずに（知る必要があるし、とても大事である）、俺には俺流のやり方があると、ただ自分の考えだけで突っ走るのは賢明ではないし、それでは生徒の信頼を勝ち得るのは難しいだろう。

　このような現象を専門語では "Rebecca's Myth" と言い、「あーあ、前の先生のほうがよかった」、「あの先生はこんなことをやってくれた」というような、比較や回顧につながってしまうのである。とりわけ、上のように前に担当した教師が優れていて生徒の

信頼が厚かった場合には、生徒だけではなくその父母の間でも、「前の先生がよかった」と、いまの担当教師の教え方への不満や批判になることが少なくない。

　これは、新しい教師にとっては大きな試練になる。試練というだけではなく、教える場合にそれを成功させるもっとも重要な鍵となる生徒との間の「信頼関係」を作り上げるのに大きな障害となってしまうので、特に注意したいところである。そのためには、よほど前の教師がよくないか不人気であったとき以外は、必ず事前調査をして、その教師のやり方や考え方を尊重しつつ徐々に自分の指導スタイルに切り替えていって、生徒たちにもそのよさがわかっていくようにするのが鉄則である。

　その意味では、新学年や新学期の切り替え時期は、特に生徒に向かって発する教師の発話には注意したい。とりわけ人気のある教師の後を継いでやるときは、あせらずにじっくりと生徒の反応を見ながら切り替えていくことである。イデオロギー的なことは、生徒との信頼関係ができて、生徒がどんな話でも聞ける余裕が出てきてからでも遅くはないだろう。

NGワード 12 「もう新学期かー」とため息をつくべからず
―― 新学年こそが勝負のとき

　教師はいそがしい仕事である。アメリカの教育関係の雑誌に、教師が仕事が終わって家に帰る途中で、あまりにも荷物（おそらく生徒の答案など）が多いので、町の人に「これからお仕事ですか？」と聞かれる漫画が載っていたが、それほど学校と自宅での仕事の区別がない職種も多くはないだろう。教師によっては「あーあ、英語を教えていればいいだけなら、どんなにかいいだろう...」と思っている人も少なくないかもしれない。とにかく、担任はもとより校務の分掌、部活指導、父母懇と次から次と仕事があって、人によってはその合間を縫っての英語の授業などということも大いにありうる。授業の展開の工夫どころか、ほとんど準備もなしに教壇に立たざるを得ない教師も現実にはいるのである。

　これではとても「生徒が生き生きする活気のある授業」などは望むべくもない。年度末の3月下旬におこなわれたある研究集会では、「あーあ、もう新学期が始まっちゃう。授業の準備は何もしてないや。やってる？」「してるわけないだろ、そんな時間ないよ」などと話している教師たちの声がよく聞かれる。しかし、春休みは小休止ではあるけれど（とは言っても、休みらしい休みをとれない教師がほとんどだろうが）、新学期を迎えるに当たっての大事な準備期間なのである。

　教師にとっても生徒たちにとっても、前の年にどんなに充実した授業ができたクラスでも、逆に散々だったクラスでも、その翌

12.「もう新学期かー」とため息をつくべからず

年は必ずしも持ち上がりになるとは限らない。もちろん、持ち上がりのときも、4月の授業開始の時期には気分一新で授業に臨むことがとても大事である。よほど気合いの入っている一部の生徒を除けば、ほとんどの生徒はまだ春休みの余韻が残ってぼーっとしたままだからである。

しかし、教師のほうは、そういった生徒が多いからといってボーっとしたまま授業を何となく始めたり、新学期のあわただしさに紛れて十分な準備もなく生徒に対峙することだけは避けなくてはならない。何といっても教師のもっとも大事な仕事は、「走り始めにどう生徒の気持ちをつかんで、どう信頼関係を作り上げて、授業の運営に協力してもらうか」という最初の立ち上がりのところである。そして、その立ち上がりの成否が、それから1年、いやそれ以降の授業の成否をも決めることになるのである。ここのところは強調し過ぎてもし過ぎることはない。

研修会や研究授業にいろいろ参加するような熱心な教師に多い悩みは、せっかくそれらの機会に学んだ「指導法」や「指導テクニック」を自分の授業で取り入れてやってみてもうまくいかない、というものである。もちろん、それにはいろいろな理由があり、多分にその教師の理解不足や指導スタイルに合わない（つまり、その人に合わなくても無理に合わせようとするので、不自然になってしまう）という場合もあるが、筆者が直接、相談を受けたケースでもっとも多かったのは、この新学期などでの切り替えで導入するのでなく、自分が感動して使ってみようと思っていきなり学期の途中で授業に入れて使うというケースである。

これは教育だけでなくどの分野でもそうだが、それまでの手法と違うものを混在させて使えば、当然のことながらそれまでのその教師のスタイルの一貫性が崩れ、授業の流れも壊れてしまうの

で、教師の独りよがりになってしまいがちである。そうなると、生徒も戸惑ったり、教師の独りよがりに逆にシラケてしまうことになるわけである。先日もある高校の授業を見学に行ってきたが、教師がいきなり英語で始めたのを、目をシロクロにして呆然と見ている生徒がかなりいた。これなどはその典型である。

　おそらく、「オーラルでの授業が大事」ということは本人も思っていて、英語でうまくやっている教師の授業を見て感化されたのだろうが、それできちんと生徒との切り替えの約束事などはあるのかと言えば、そうではなく、いきなり学期の途中から英語でやってみているという。これでは、生徒はとてもついていけない。なぜ、英語なのか、じゃあ言われた英語がわからない生徒はどうすればいいのかなどのルールもないようでは、単なる独りよがりと言われてもやむを得まい。同じ切り替えなら4月の新学期にやっていればもっとうまくスムーズな展開になっていたはずなのに、と残念に思ったものである（p. 34「7つの約束」の項を参照）。

NGワード 13 「私には私流のやり方がある」
—— 好きな先生の条件

　お笑い漫談の嘉門達夫の得意ネタの中に、「嫌いな先生ベストスリー」というのがある。もちろん、これはある意味、しゃれではあるが、けっこうおもしろいし、妙に納得してしまう。それによると、嫌いな先生の第3位は「ひいきをする先生」、第2位は「やたら怒る先生」、そして第1位は「異様なにおいがする先生」である。確かに、ここ最近はにおいに敏感な若者が多く、タバコやポマードのにおいはもちろん、加齢臭なども嫌われてしまうという。知り合いのS先生は、朝、どんなに寝坊しても朝シャンだけは欠かさないそうだ。いやはや大変な時代である。

　さて、上の嫌われる先生は何となく納得できるが、では逆に、生徒の好きな先生の条件はどのようなものだろうか？　この種の調査結果は国内外にけっこうあるが、有名なのはかつてカナダのヨーク大学の応用言語学研究所がおこなった調査結果である。それによると、

　　　第1位は「明るい性格・人柄」
　　　第2位は「声が大きい」
　　　第3位は「パフォーマンスができる」

である。

　まず、第1位の「明るい」というのは別に教師だけではなく、どのような職場でも、特に接客業などでは必要とされる重要な要素である。具体的には、まずその場を明るくさせるようなあいさ

つに始まり、自分が先に立って積極的に授業や仕事に当たるといったイメージがあるだろうし、生徒もそのような教師を望んでいるわけである。廊下で会った生徒に明るく声をかけて、名前も入れてあいさつもできる。生徒だけでなく、一般の大人でも思わずファンになりそうな教師は現場にもけっこういるものである。それに対して、残念ながら教室に来てもあいさつもろくにしない、生徒の目もまともに見ないでボソボソとした声で説明するのでは、とても活気のある授業は望めない。

しかし、じゃあ、明るくない教師はだめかというとそんなことはない。かつて、暗い感じで話もボソボソと言う教師に会う機会があった。その教師は「明るいこと」が教師にとってはとても重要な要素だということに大変ショックを受けたようで、わざわざ相談に来られたわけである。そこまで真剣に悩む真摯な姿に筆者も打たれて、一度、授業を見てあげる約束をしてしまった。

ところが、その心配は杞憂であった。なるほど、授業でも暗いし説明などもうっかりすると聞き取れないほどであった。しかし、生徒は皆、真剣にその教師の説明を聞いたりノートを取ったりしている。その秘密は彼がきちんと準備して、かつ自分の心の中からのことばで、いわば「この子たちに本当に英語をわかってもらえるようになって欲しい」という気持ちで丁重に授業をやっているということが伝わってきたからだった。

よくカリスマだ、プロの教師だと騒がれる人の中には、中味はたいしたことがないのに、陽気で明るいだけの性格で一見うまくやっているように見える教師がいる。しかし、上の教師は彼らとはまったく逆で暗く目立たないが、その真剣味はだれにも負けないものであった。そして、そのことを一番わかっているのは当の生徒たちなのである。ちょうど帰り際、ある生徒が質問のために

13.「私には私流のやり方がある」

職員室に来たとき、その親身な説明の仕方に感動すら覚えたのである。

 ただ、そうなると、よく世間で言われる「私には私のやり方がある」という言い訳が拡大解釈されてしまうおそれがある。ほとんど、その教師の指導の仕方のまずさのせいで授業としては成り立っていないのに、「これは私のやり方です。うちの生徒は程度が低すぎるんです」とすぐ生徒のせいにする。あるいは、コミュニケーション重視と言われようが、音声重視と言われようが、とにかく、昔流の文法訳読のやり方を変えない教師などにとっては、上の言い訳はかっこうの逃げ口上となるわけである。

 それらの逃げ口上で自分のスタイルを変えようとしない教師でも、もし生徒の信頼が厚く、教師も真剣勝負でやっている人ならば、それはそれでクセがあろうが暗かろうが、教師としては一流ということになる。ここで大事なことは無理に明るく振る舞わなくとも、変に世の中の流れに流されずに自分流のスタイルを貫くというのも1つの手ではあるということなのである。そのためにも、まずは自分の持ち味をきちんと出せて、背伸びをしない指導法を何とか試行錯誤を繰り返しながらも、自分で編み出すことである。

 そして、それは自分なりの「指導スタイル」を作り上げるということでもある。しかし、これはことばで言うほど簡単な仕事ではない。うっかりすると単なる独りよがりの身勝手な「教授法」となるおそれがある。応用言語学をはじめとして数多くの実証研究などは、実はそのような身勝手なものにならないための「歯止め」として使われるべきものである。

 なお、第2位の「声が大きい」は、他で書いているのでそちらで確認して欲しい (p.6参照)。第3位の「パフォーマンスができ

る」というのも、別に吉本系のような漫才じみたことをやるわけではない。よく研究授業のときに、とってつけたように英語で派手な授業やゲームなどをやる教師がいるが、それはそれで生徒も乗って皆が楽しく、しかも力もつくものなら、どんどんやっていいだろう。

しかし、ここで言う「パフォーマンス」はそれほど大げさなものではなくて、ちょっとした説明やら練習のときに、具体例を簡単にやってみせる程度のものを指している（その意味では派手な大技ではなく、小回りが利き、臨機応変に使える小技と言える）。自分はいっさいやって見せないでもっぱらことばで言って、あとはやってみろ、の態度が一番嫌われるし、信頼感も出てこないのである。ある学校で授業のアンケートをとったところ、意外と多くて教師も驚いたのは、何と「音声を流すとき、先生は流しっぱなしで、座ってしまうのをやめて欲しい」だったという。

これは、「自分だけ、そこで休むな！」というつもりで書いた生徒もいるにはいるだろうが、ほとんどは「たまには先生が模範を兼ねてリード読みをして欲しい」という気持ちだろう。効果的な授業をおこなうためにはまずは、言ってみて、やってみせて、はじめて生徒も素直についてくるし、動くものである。

NGワード 14 「英会話は会話の練習をしないとできるようにはならない」
――まず「音」の土台作りを

　日本人全般でも、中学・高校生でも大学生でも、英語学習の目標や目的調査で特に伸ばしたい英語力や技能面では、「とにかく話せるようになりたい」が断トツに多い。

　これは裏を返せば、スピーキングが苦手という人が日本人では圧倒的に多いということでもある（ちなみに、世界中で受けられているTOEFLテストの英語力では、日本人受験者は総合点では150国中、126位の体たらくだが、ことスピーキングとなると、何とここのところずっと150位、そう最下位である）。そのため、当然のことながら、いったいどうやったら話せるようになるのか、という質問は教師にとっても耳にタコができるほどされているだろう。しかし、それに対して満足な答えを与えているだろうか。下手すると、「まあ、英会話は会話の練習をしないとできるようにはならない」などと答えていないだろうか。

　実はこれは典型的なNGワードの1つと言ってよい。会話だから会話の練習と考えるのはおかしくないような気がするが、それのどこがまずいのだろうか？　もし、会話の練習だけできちんと話せるようになるのであれば、それこそ英語を重視している大学や英会話学校などで鍛えられた学生は、ほとんど問題なく英語が話せて使いこなせるはずである。しかし、現実はそうではない。

　実は、会話にうまくなるにはただ会話をやっていればいいのでなく、そもそも英語の「音」のトラック（土台）が、基本音はもとより、音の伸び縮み（化学変化）などもしっかりしている必要があ

る。そして、会話の際、こちらで発話するときの発声・発音が安定していることも大事である。しかし、残念ながら、現在、中学・高校でもほとんどこの基礎基本の部分がきちんと指導されていない。コミュニケーション重視の流れが、この軽視に拍車をかけてしまったところはある。まあ、通じればいい、中味が大事だというのである。

　もちろん、中味が大事なのは事実だが、実際には「音」(発声・発音)で相手には伝えることになるし、ましてやネイティブを含めた外国人は声が大きいことに加えて、会話のスピードと勢いが日本人とは比べものにならないほど速いし、パワーがある。

　それに対応するためには、まず「音」について発音も含めてきちんとした土台作りが絶対に必要である。現在、日本人の英語を見ると、大人も子どももとにかくここが弱いのである。

　たとえば、英会話学校にしてもせっかくネイティブを使っていると言いながら、そのネイティブは自由会話をやっても、相当スピードを落として日本人に合わせたしゃべり方をしてしまう。これでは、ネイティブを使っているメリットは半減してしまい、ほとんど実践的な会話力が育たない。また、ケアのし方にしても、実際に教えているアメリカ人教師のJによると、発音はダメ、語彙力もプア、構文もメチャクチャだという。「これで私は、いったい何を直したらいいの？　どう教えたらいいの？」というわけである。熱意ある教師でも、時給数千円で、あれも直してこれも直してといった大変な仕事を買って出る者はいない。したがって、無難にやり過ごすわけである。事実、都内のある大手の会話学校で教えていたネイティブのCに言わせると、「自分も自分の同僚も、大人の日本人を単にbabysittingしている感覚だった」と言っていたが、まさに言いえて妙である。このような現状では、とてもに

14.「英会話は会話の練習をしないとできるようにはならない」

わかに話せるようにはならない。

ネイティブの使い方でもっとも大事な点の1つが、彼らの英語の自然さ・本物さ（authenticity）を極力生かすようにするということである。つまり、無理に最初からすべてネイティブで、すべて英語でする、などと大上段に構えないで、少なくとも中学生以上の大人が対象の場合には、まず最初の発声・発音指導を含めた「音声トラック作り」は、きちんとやるべきことがわかっているのなら、ネイティブでも日本人でもよいということである。

そして、ここでの指導は「教育」や「指導」というよりも、一種の「トレーニング」や「訓練」に近いので、それができるトレーナーでないと、なかなかこのあたりの指導やケアは難しい。また、現在、日本にはこの点でのトレーナーと呼べる人がほとんどいない。ましてや、教師としてトレーナーとして有能な人となると、これまた限られてしまう。とにかく、嘆いていても始まらないので、いまは「教師の現場力」として、この基礎基本のところを「発声・発音」のトレーニングを中心に、最低限できるようにしておきたい（具体的な指導法は p.87 を参照）。

NGワード 15 「別にネイティブみたいな発音にならなくてもいい」
――発音指導の重要性

　実践的な英語力やコミュニケーション力をつけさせたいと思ったならば、語学とコミュニケーションをごっちゃにしないという点も大切なことである。狭い意味での語学の英語にとって大事なのは、まずは限られた知識（基本単語、発音、表現など）の正確さである。しかし、より現実的にコミュニケーション上の便利なツールとして考えた場合には、別にネイティブ・スピーカーのような発音にならなくてもいいという考えは正しい。問題なのは、「日本人なんだから」という理由で、語学の正確さという部分が抜けてしまうと、それは単に発音の問題ではなく、リスニング力が大幅に弱くなってしまうという事実である。

　発音が弱いとリスニングも弱くなってしまい、逆に正しく発音できるようになればなるほど生徒のリスニング力も高まっていく。これは中学生などの段階では、なかなか実感としてはわからないかもしれないが、筆者の主催する大人向けの集中合宿では、リスニング練習の代わりに発声・発音を徹底的にトレーニングする。その場合、まずほとんどの人は中学・高校を通じて、発音などは力を入れてやってきていない。

　そうなると、最初の発声・発音の段階からしどろもどろで、自分としてはもう出せると思っていたような発音まで出せずに、大変である。しかし、そんな人たちでも1泊2日や2泊3日の研修をやり切ると、以下のように変わることになる。結婚前には英語を教えていたこともある主婦Ｉさんからのメールである。

15.「別にネイティブみたいな発音にならなくてもいい」

　合宿から帰り、家では子供たちがお母さんは英語が話せる、という期待を抱いて待っていましたので、これはなんとかして使える英語を目指そうと奮起しているところです。
　事実、合宿が終わり、劇的に自分の耳が変化していることに、ものすごく感動しています。発音がこれほど重要だとは正直、考えていませんでした。これほどの短期間で、こんなに変化させてくれたことに、本当に感謝してやみません。

　この発音指導というのは、本来であれば中学校（小学校に導入されれば、小学校）で扱うべきなのだが、現在ではなかなか発音だけを集中的に指導することができにくい環境にある。一昔前なら、それこそ夏休みに入る前までは教科書はいっさい使わず、もっぱら発音指導（というか訓練）だけをやったような名物教師もいたが、いまではそのような「勝手な指導」（と、回りの教師や親はよく呼んでいた）は、よほど校内や校外の理解が得られないと難しくなった。

　もちろん現在でも、そこまで極端にやらなくとも発音指導の重要性に気づいている教師はかなり出てきており、中にはあえて発音記号を読めるように指導したり、やさしいカナを使った発音指導をおこなっている教師もいるが、とにかく、やるべきことが多く限られた時間の中でどのくらいの時間を発音のケアに割くのかを、もう少し議論した方がいいのかも知れない。

　筆者としては、発音は極力、中1であれ小学校であれ、とにかく「最初が肝心」なので、そこでしっかりと指導と練習をすべきであることと、中2以上は音読や英語の発表、それに一般のコミュニケーション活動の流れの中で、これはと思った発音についてはケアをするようにする心がけが大事であると思っている。

　その場合、発音はこだわり出すとキリがないので、「ぜったいに

直すべき誤り（コミュニケーション自体に支障をきたすもの）」と「コミュニケーションには支障をきたさないが、直せばもっとよいもの」に区別し、前者については、もし担当の生徒たちにかなり問題がある場合には、そこで活動をストップしてでも「発声・発音の集中トレーニング」をおこなうべきだろう。

　もちろん、その見極めがうまくできるのがプロであり、本物の教師であるということになる。また、そのようなとき、どういう形のケアをとっさにおこなうかについては時間との兼ね合いも当然あるので、そのあたりの折り合いもうまくつけての効果的な指導をおこなうことが、現場の教師にとっては大事であり、かつ腕の見せどころということになるわけである。

NGワード 16 "Very good!" を乱発するなかれ
―― 誤りを素通りさせない

　英語の授業を見ていて、けっこう気になるのは評価 (evaluation) の部分である。すなわち、タスクなどをやらせたり、質問に答えさせたりする際に、内容が悪くなければすぐに "Very good!" とほめる教師が多い。もちろん、生徒のやる気を高めるにはこの「ほめる」ことはとても大事なテクニックではあるが、いつも同じ文句だとその効果も弱いし、第一、ある生徒と別の生徒の「とってもいいよ」が「どちらがどのくらいいいのか」の区別がつかない。

　区別がつかないと、他の聞いている生徒の練習のモデルや目安にならないので、何となく同じように惰性でやってしまうことが少なくない（もっとも、日本人教師はこのほめることばの数では、どうしても ALT にかなわない。ALT が実に豊富な形容の仕方でほめるのを何度か目にしたが、ぜひ研究授業などでいいと思ったほめことばはメモしておいて、自分も使ってみるとよい）。そこで、教師が無理に評価するのではなく、p. 56 のようなカードで生徒同士で相互に評価し合うようにさせると、どのような答えや発表がよいかの目安になるので、練習にも力が入る。

　さて、ほめること自体は悪くはないのだが、問題もある。発表でも問題の答えでも内容は大事だが、英語の授業なので英語の発音や文法ミスなどが生じた場合、そのまま素通りさせるのはよくない。コミュニケーション重視の授業では、これまで前述のようにとにかく活動させることを重視しすぎたがために、英語の発音や知識面でのミスはけっこう寛容であった。l と r の区別などはも

とより、3単現の -s や過去形の -ed 形なども、コミュニケーション活動ともなれば大目に見られたわけである。

ただ、これがエスカレートすると、英語の文として不合格なものや、発音がぎりぎりの基準（intelligibility）を超えただけのものまで、ほめられ得で許されてしまうおそれがある。教師によっては、これに「日本人は日本人英語で堂々とやればいいんだ」(p. 37 参照) などと理屈をつけて、後押しする人も少なからずいるという。確かに、いざ海外での実践の場などではたいてい、場面の状況という支えもあり、英語の発音や表現が不十分だったりミスがあったとしても、ジェスチャー混じりで何とかコミュニケーションできることは事実であろう。また、授業では下手な英語でもその内容が大事であって、生徒のそのやる気をたたえたいという気持ちもわかる。

しかし、この風潮が問題なのは、正答なら、あるいは内容さえよければ、英語そのものの発音や文法ミスは帳消しになってしまうと、生徒が考えてしまうおそれがあるということである。この行き過ぎに歯止めをかけるためには、従来は軽視されてきた「正確さ」(accuracy) を「なめらかさ」(fluency) と同等かそれ以上に重視することが必要である。とりわけ、中学生など初歩の段階では、発音にしても文構造にしても、いわゆる「形の正確さ」が、しかも瞬発力のある「正確さ」が求められるのである。

言ってみれば当たり前のことで、英語をそれなりにきちんと使ってコミュニケーション活動をおこなうには、まずは基本的な音や単語、基本的な構文などの「型」や「形」がある程度できていなければ、文字通り、どうしようもないわけである。内容重視でタスク活動をフルに行い、その言いたい内容や意図を評価してあげるのはもちろん大事なことではあるが、それ以前に、あるい

16. "Very good!" を乱発するなかれ

はそれと並行して基本的な練習やドリルにきちんと時間を割くことが重要である（それこそ機械的なドリルで数をこなすことが大事で、現場ではこの数が足りないようである）。

　その場合、形式面のチェックは、内容の評価とは違い、それこそ生徒全員を念頭におこなうと収拾がつかなくなるので、だいたい70%の生徒ができるようになって合格というのを1つの目安にしたい。力のある教師なら、80%〜90%くらいまで持っていけるだろうが、逆に、なかなか困難な状況であれば、下限としては60%だろう。現在、筆者も数校でこのレベルの学校での授業を手伝っているが、そのような学校であるほど、生徒の英語力を押し上げるのは理屈や内容というよりもまずは練習やドリルの数をこなしたトレーニングである。ここの土台さえこしらえれば、極端に言えば、理解やら内容などは後でいくらでもついてくるようになる。

　ちなみに、初歩の段階で「発音」にこだわる場合には、全部の音（母音と子音で46くらい）にこだわると、とても時間がなくなり、生徒も根をあげてしまうので、最低限、チェックしたいのは、以下の音であろう。

母音は　[æ] [ə] [u]
子音は　[l] [r] [n] [m] [f]

これらの8つの音はいずれも、日本人学習者がとりわけ苦手で、かつ日本語では使わない「あご、唇、舌」の動きを必要とするもので、英語の発音体系の中で核となる8音と言える。言い換えると、「あごを動かす、唇を緊張させる、舌を引っ込める、それに鼻に息を抜く」などといった、もっとも派手な"動き"を必要とする音というわけである。たとえ、8つという少ない数の音であって

も、これらをモノにすれば、それほどの"動き"を必要としない他の音は、トレーニングの過程で自然とそれなりに発音できるようになる。その意味では発音トレーニングの土台作りの音と言ってもいいだろう。

相互評価カード			
Name _____ 評価の相手 _____ Task ( )		年　月　日	
評価項目	評価スケール (該当するスケールの欄に✓印をつけよう)		
	1	2	3
1 語句や文の発声・発音は適切か。			
2 リズムやイントネーションは適切か。			
3 なめらかさやスピードは適切か。			
4 ジェスチャー、表情は適切か。			
5 聞き手の反応への対応は適切か。			
6 全体を通して「よかったところ」、「努力・工夫していたところ」を相手に教えてあげよう。（自由記述）			

(1: Poor　　2: OK　　3: Good)

NGワード 17 「何か質問はないか？」
―― 特にないからで、安心すべからず

　たいていの教師は、ある説明や解説などをした後、あるいは授業の締めくくりに、「何かわからないことや質問はないか？」と聞くことが多い。そして、それに対して質問がまったくないようだと、まあ大丈夫だな、わかったなと安心することが多い。そのために後日、実はわかっていなかったと判明したり、テストができなかったりすると、あれほどやったはずなのに、と皮肉の1つも生徒に言いたくなってしまう。しかし、このようなことが生じるのは、教師の責任であると言える。つまり、上の発問が効力を発揮するためには、前提として、「質問のしやすい環境作り」をまず学期のはじめにきちんと作っておくことが必要である。ある生徒がどんな質問をしても、教師もまわりの生徒（特にできる生徒たち）も馬鹿にしたり、「えっ、何でそんなこと聞くの、そんなの常識じゃん」といった視線を向けたりしないことである。

　どのような質問に対しても真剣に対峙して、もちろん、たいていの場合には限られた時間との戦いでもあるが、とにかくわかりやすく答えてあげる必要があるのである。うっかりすると、答える教師自身の顔や目がすでに、「時間がないときに、こんなくだらん質問をしやがって」や「こんなことにいちいち答えるのは時間がもったいない」という感じで、いやいや答えたり、皮肉を言いながら馬鹿にした感じで説明する教師も少なからず見られる。このような雰囲気では、それこそ「いい質問」（あくまで教師にとって）以外は、わざわざ皆の前で手を挙げてまで質問する気がなく

なってしまうのは当然である。

　これは何も生徒だけの問題ではなく、実は教師にも見られるし、日本人全般に見られる傾向かもしれない。よく外国から来た専門家が張り切って講義や講演をおこなった後で、質問を受け付けるとほとんど質問がないので、自分の話はつまらなかったのではと嘆くのもそのせいだろう。講演や講義自体は、日本人の教師は一見真面目に聞いてくれる。しかし、その後で「何か質問はありませんか?」と言った途端にいっせいに下を見て、まったく質問が出ないというあれである。

　英語圏の講演者などは、質問が出ることで一種のフィードバックや理解の度合いを知りたい、あるいは自分にも刺激的な意見などが出てくると思っている場合が多いのであるが、1つも出ないと、ちょっと今回は聞いている人たちの関心や興味などに合わなかったのかな、と逆に不安になるようである。真面目でしっかりと準備をして来日した学者や専門家ほどそうで、筆者も多くの著名な専門家の講演の司会などをやったが、終わってから真顔でそうした不安を告白されて、日本人の特徴を話して納得してもらったことは一度や二度にとどまらない。

　これは逆に言えば、講演や講義を聞いた場合は、欧米では意見はもちろん、感想なども率直に言うことが多いということである。質問をされたときに、よく使われる "That's a good question." という返答にも、そうした文化的背景が感じられる。これは日本型のコミュニケーションではなかなか理解されにくいところで、外国人だけでなく海外生活の長い帰国子女なども、この点でよく誤解が生じることがある。

　たとえば、Rさんはアメリカにしばらく住んでいて帰国した帰国子女である。一般のアメリカの公立学校に通ったので、英語は

17.「何か質問はないか?」

もちろんまったく問題がないが、数学や社会などは苦手で、国語などはメタメタであった。だから、帰国して中学校の授業でも英語以外はパッとしないが、英語だけは教師（女性）にもその発音のすばらしさなどを認められて、教師やCD音声の代わりに「Rさん、読んで」と言われることがたびたびで、それが彼女のある意味で存在感を保っていたと言える。ところが、そのRさんに不幸が襲う。あるとき教科書のある単語をその教師が間違えて読んだのだという。当然のことながら、というかアメリカでは当たり前のごとく、手を挙げて「先生、いまの発音違うと思います」と指摘したのだ。自分としては当然、感謝され、ほめられるものと思っていたところ、教師はチラッと辞書を見て、「まあ、そういう発音もあるようね」と言って終わりである。Rさんは、特に感謝もほめことばもないのでちょっとがっかりしたけれど、実は問題なのはその後であった。

　それまでは、よく「Rさん、読んで」とご指名がかかったのが、この事件(?)を機にまったく当てられなくなってしまった。まず、教室で目も合わせないようになったという。敬遠されるようになったわけである。同級生に言っても、「さからわないほうがいいよ」というばかりで、どうしていいかわからない。もうアメリカの学校に戻りたいと、親に頼んでアメリカに戻ってしまった、ケースがあった。日本文化の虎の尻尾を踏んでしまったわけである。

NGワード 18 「そんなのは常識だろ」
──いい質問をないがしろにするな

　前項では「質問のしやすい環境作り」ということを述べたが、では、実際に生徒から出てくるいろいろな質問に、教師はどう対処したらいいのだろうか。当然のことながら、これらの質問にきちんとわかりやすく答えてあげるのは教師の重要な仕事である。しかし、生徒がせっかく質問をしてもつい余計な NG ワードを言うことで、出鼻をくじいたり、英語の本質部分に近づくのを邪魔してしまうことが少なからずある。

　たとえば、生徒が「to- 不定詞の名詞用法と副詞用法の違いがどうしてもよくわからないので説明してください」や「関係代名詞を省略できるのはどんなときか教えてください」などの質問をしたのなら、たいていの教師は待ってましたとばかり、自分の知識や手元の文法書などで問題なく答えることはできるだろうし、説明したあとで、「どうだ、わかったか？　試験などでも特に長文読解のときは要注意だから、このあたりを気をつけて頑張れよ」のひとことも言ってあげたくなる。

　しかし、教師が現在完了形の説明を一生懸命にしているとき、「先生、現在完了形は have プラス過去分詞だって言うけど、なぜ、『持っている』という意味の have が使われるんですか？『持つ』と言っても、hold や keep じゃだめなんですか？」や「1 つの文には必ず 1 つの動詞と教わったけど、We should have gone there. の文では should は助動詞だとして、動詞は gone ですか、それとも have なんですか？」、あるいは to- 不定詞の説明をしていたとき

18.「そんなのは常識だろ」

に、「先生、to って前置詞だと思ってたんですけど、前置詞の次に来るのは名詞ですよね。でも、to- 不定詞では動詞が来てますよね。じゃあ、この to の品詞はなんですか？」などの質問が唐突に出てきたらどうだろうか？

中には、「よくぞ聞いてくれた、いい質問だね」と言う教師もいることはいるだろうが、たいていは「この時間のないときになんていうことを聞くんだ」とばかりに、「いやー、そういう疑問があるかも知れないけど、まあ、英語ではそうなっているから、このまま覚えておけ」ですますか、声を荒げて「そんなのは常識だろ、いちいち余計なことは聞くな」と退けるかであろう。

しかし、教師がいい教師となってよりいっそう信頼を持たれるのか、それともダメ教師となって授業がよりいっそうシラケてしまうのかは、実はこのような「クセのある質問にどう答えられるか」にかかっているのである。もちろん時間の制約もあるし、ひょっとしたら一部の生徒だけしか関心を持たないような質問かも知れない。でも、基本は誠意を持って授業内であれ、授業終了後であれ、簡単でいいから、わかりやすく答えてあげることである。

もし自分がとっさに答えられなかったり、知らなかったりしたらどうだろう？ その場合にはごまかさずに、調べて次週にでも答えてあげるようにすることである。ごまかしたり、逆切れが一番よくない。その意味でも、教師は普段からいざというときのために、図書館であれウェブサイトであれ、リソース源を持っておくことが必要となる、

NGワード 19 「板書するからノートに写すように」
——板書は最低限にして、生徒の活動中心に

　教師は、「黒板に書く」ということの重みと、それに時間がかかることをもっとよく認識する必要がある。とにかく、やたら大事とばかり黒板に多くのものを書きたがる教師が少なくない。この「板書」という指導技術は、教員養成でもきちんとした形ではほとんど指導されていない。つまり、黒板のどこにどのくらいの大きさで書けばいいのか、書いたら教師は右か左かどっちに立って説明すればいいのかなど、まずほとんどの教師は普段意識して考えもしないのではないだろうか？

　筆者は年間を通じてそれこそ100ヵ所以上、小学校から大学までの授業や一般企業・官庁の研修などの見学や授業観察をおこなうが、その中で板書の書き方とそこに書いたもののプレゼンや説明の仕方が本当にうまいと思った教師は、これまで7～8人くらいである。黒板は教室の中で一種のショーウインドーと考えて、配列や見やすさなどを慎重に考えるべきである。

　決して、ただ適当に書きなぐるようなことがあってはいけない。後ろから見ても目立つように、はっきりときれいに、生徒への気配りを忘れずに書くべきである。一昔前の大学教授じゃあるまいし、座ったまま後ろを向いてミミズのような字を書く教師、斜めに書きなぐる教師、黒板の左上から右端の下までよく書いたなというくらい書き連ねる教師（もうこうなると、教室の一番端の列の生徒はいちいち立ち上がって、ちゃんと読むことで必死である）、いまの生徒はくずした筆記体は読めないんですよ、といくら

言われても面倒くさいのか慣れているせいか、筆記体で書く高校教師や大学教師など、問題のある板書の仕方は枚挙にいとまがない。

その意味でも、板書がオーケーかどうかのチェックをここで一度ぜひやってみたい。まず、字の大きさは、どのくらいがいいのだろうか？ 中には大きければ大きいほどいいと言うような人もいるが、基本は下の写真のように、ちょうどl（エル）が片手の指を伸ばした幅である。この大きさを基準にすればほとんどの場合、中学でも高校でも大学でも大丈夫である（小学校でも、万一、書く必要がある場合には、この目安で十分だろう）。

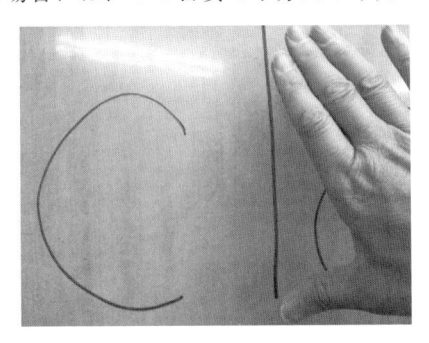

また、ブロック体でゆっくりきれいに書くのはいいが、ご丁寧にもいろいろな色のチョークで下線を引いたり、重要語句を囲ったりと、ほとんど個人の趣味のような板書も目にすることがある。まあ、それほど時間をとらずにできることならよいが、とにかく、教師も生徒も板書にはあまり時間をかけないようにすることが鉄則である。ときには、現場にも職人気質（？）の教師がいて、「えっ、チョークにはこんな色のものもあるの？」と筆者もはじめて知った授業経験もあり、そのときの板書の色はいまでも生々しく思い出すが、授業内容はまったく覚えていない（p.8参照）。したがっ

Part 1 | 英語教師のNGワード集

て、確かにある面で勉強になったが、これではとても肝心要のところに時間を十分に割けずに、効果的な授業などは無理である。

板書はなぜ要注意かと言えば、その一番の理由は「貴重な時間を大幅に取るから」である。本当にその貴重な時間を削ってまで板書する価値があり必要なことがらなのかを、まずは教師自身が何度も事前に検討すべきである。書くのは最小限・最低限に留めておかないと、肝心な言語活動や定着を図るドリルの時間が足りなくなってしまう。教師はまず、このことを板書する前にしっかりと認識すべきである。

板書がなぜそんなに時間を食ってしまうのかは、そのプロセスからも容易にわかる。板書の流れはまず教師が書く、そしてそれを生徒がノートに書き写していくという手順をとる。うっかりすると、教師が書き終わってから書こうなどという生徒も中にはいるので、教師は生徒が板書と同時に書くべきか、書き終わってからでもいいのかも指示する必要がある。書き写す生徒のスピードの違いも当然出てくる。写し終わった子もいれば、まだ半分くらいの生徒もいる。

板書の原則は、全員写し終わってからの説明や解説だが、これだと早めに書き終わった子は飽きてしまう。このあたりの足並みをどうするのかも、板書をやったときの難しさである。たいていの現場では、さすがに最後まで待ちきれないので、遅すぎる子は待たないで説明に入ってしまうことが多い。その点で、全員足並みそろっての板書に基づいての理解は不可能となってしまう。書き写しながら耳で理解するのは、普通の人間にとってはかなり難しい作業であるし、不可能に近い人も多い。

このような理由により、教室内の板書は最小限に留めて、極力書かなくてもすむ工夫と方策を取るのが望ましいというわけであ

る。では、どうすればいいのだろうか？　あまり書かないようにするということはわかってはいても、いざ教室に出ると、つい多くを書いてしまうおそれがあるものである。

　そのためには、あらかじめ板書に基づいて理解させたり練習させるところと、板書の代わりにポスター風に作っておいた大判の用紙を黒板に掲示して説明したり、中学校の低学年や小学校ならいわゆるコルク・ボードなどをうまく使うのも手である。また、あらかじめ簡単なプリントを作っておいて、いざ説明なり練習が必要なときはサッと配って説明するというように、とにかく極力、時間をセーブする工夫を常日頃おこなっておくことが大切である。

　とにかく、学校の授業のように一斉授業のスタイルの場合には、まず理解を図りたいというのであれば、生徒の足並みをそろえて理解を促進させるほうに重点を置くべきである。中にはパワーポイントなどを効果的に使って授業をおこなっている教師もいるが、このパワーポイントの授業やプレゼンというのも、実は技術的なトラブルも含めて意外と現場力が試されて難しいものである。とにかく、「板書は最低限に留めて、生徒たちの実際の活動中心に！」が効果的な授業の鉄則であることを再度、声を大にして言っておきたい。

NGワード 20 「中1でCNNは無理」
――初心者だからといって馬鹿にしない

　現在、学校の教科書では、国際英語や脱英米の英語という考えから、中1の段階から、かつてのようなTomだとかMaryあるいはJaneといった欧米でポピュラーな名前がほとんど姿を消して、ChenさんやGamboあるいはCarlosなどの名前がやたら出てくる。もちろん、これはこれで必要なことではあるが、では、音声はどうか、ネイティブの教師はどうかと言えば、たいていの場合、やはり英米が主体になってしまうという中途半端な状態である。

　したがって、中1の英語と言えば、ネイティブの教師もわざわざゆっくりクリアに発音してくれるので、英語自体に対する感動感激があまりない。もちろん、妙に英語に対して緊張するような学習態度もよくはないが、最初からまったく緊張感もなく、「まあ、こんなもんだ」では「やる気」はとても出てこない。そこで、1つのやり方として、中1の最初の段階で本物の英語というものはどんなものかを、まずは待ったなしで体感させてみてはどうだろうか。

　たとえば、CNNの（発音がクリアで口をきちんと動かすことで定評のある）女性アナウンサーのビデオを、ほんの30秒見せて、何でも思ったこと感じたことを聞くわけである。出てくる感想はほぼどのクラスでも決まっており、以下のようなものである。

・英語ってものすごく速い。
・英語って聞いててカッコいい。

20.「中1でCNNは無理」

・英語って、しゃべるとき「口の体操」をしてるみたいだ。
・英語ってなんだか独特のリズムがある。

観察眼のある生徒からは、次のような感想も出てくるので、子どもだからといって侮れないものである。

・口というより、あごを動かしている感じがする。
・英語って何だか「スッ、スッ...」って言ってる感じがする。

実は、これらを突破口にして、英語授業の環境づくりができるのである。生徒が「速い」と思ったなら、「じゃあ、その速さについていけるように練習しよう。そのコツを先生はこれから教えてあげるよ」と言えばいいし、「カッコいい」のなら、「カッコいい英語を自分のものにしよう」と言えばいい。

生徒はおそらく「うそだー！ できるわけないもん」と言うだろうが、そこで教師は「いや、先生のやり方をちゃんとやっていけば、必ずできるようになるからね」と約束するのである。この約束や信頼感こそが環境づくりの最大のポイントである。「この先生についていけばあんなカッコいい英語が自分でできるようになるかも」という気持ちを引き起こさせるようにするわけである。

あとは教師側がその気持ちをうまく生かしてできるようにしてあげればいいのである。その鍵も、上の感想にはすでにいくつかある。口というよりあごだと生徒が感じているわけだから、「じゃあ、英語を発声したり発音するときは思い切り口の体操であごを動かそう」と言えば、生徒は皆でおもしろがって「アゴ体操」（p. 111 参照）をやるし、「スッ、スッ、」や「シュ、シュ」というのが目立っているのなら、「英語はsやshの音がものすごく強い

んだね。じゃあ、我々も負けずにこれらの"音出し練習"をしよう」と言えば、どんなにできない生徒でも嬉々としてやりだす。

簡単な [ʃ] と [s] のミニマル・ペア (minimal pair) 練習なら以下のような感じだろう (やり方は p.96 を参照)。

[ʃ] と [s]	
she — see	show — so
shake — sake	shoot — soot
shame — same	clashing — classing
ship — sip	mash — mass
shine — sign	mesh — mess

あとは教師はうまくノッてきた生徒たちに練習材料 (最初だけは教師がおもしろそうな材料を準備するとよい) や練習方法 (単純な一斉練習だけでなく、ペア練習などのバリエーションは数多くある) をどんどんとタイミングを見計らって入れていけばいいのである。たとえば、上の [ʃ] と [s] の区別での「口慣らし体操」なら、やはり早口ことばの "She sells seashells by the seashore." だろう。

では、ここでのポイントはなんだろうか？ 1つは生徒を英語の初心者だからといって馬鹿にしないことである。中学1年だからそれなりのやさしい教材、初心者だから初心者の英語として、ある意味、甘やかした結果、いまのように大学で TOEIC Bridge を受けさせるとか、英検4級講座を開いて卒業までには3級を取得させるなどというにわかには信じがたい光景があるわけである。

繰り返すが、生徒はとても柔軟性があるので、大人が難しいと思った単語でも、自分たちが興味があったり、おもしろい、かっ

20.「中1でCNNは無理」

こいいと思った単語や表現などはいちいち教え込まなくても、自分からおもしろがって覚えていくものである。これは上のCNNでも同じで、別に中1でその内容を聞くとかリスニングをやるのでない使い方の例として紹介したものである。

　我々英語教師は自負心があり、真面目な人ほど一種の固定観念や呪縛があり、中1と言えば中1の単語であるし、文法と言えば5文型や関係代名詞、不定詞などが並んでいないと落ち着かないし、CNNと聞けば初心者用でなく上級者用のリスニング材料というように決めたがるが、いま英語教育で必要なことは、このような固定観念をなくして、ある目的達成のために使えるものや必要なものを有機的な形で組み合わせて、うまく現場におろしていける力だろう。

NGワード 21 「重箱の隅をつつくようなことは やっても意味がない」
―― 英語表現のニュアンスにこだわる

　英語を実務で使っている人やネイティブの教師からの批判で多いのは、日本人の英語教師は英語はそんなにできないくせに、やたら文法の細かい規則や語法などにこだわる人が多くておかしい、というものである。確かにそう言われて仕方のないところもある。特に、いまだに高校や大学の受験では何でこのような問題を出しているのかわからないような、実に瑣末な専門家然とした問題もある。

　生徒たちがかわいそうなのは、入試に合格するためには瑣末であろうが何であろうが、それらにこだわらなくてはいけないし、また、学校や塾でもレベルの高いところほど、そういったオーソドックスな知識を教え込んでいるようだ（特に、英語教師を目指す人ほど英語の成績もよい傾向にあるので、どうしてもこのような知識をごまんと学校で習得してしまうため、自分が教師になった途端に今度は自分がこのような知識をそのまま生徒に強要してしまいがちである）。

　確かに、本物の英語力を身につけるには、このような知識はあまり役には立たない。それにもかかわらず、「重箱の隅をつつくな」はNGワードなのである。なぜだろう？　英語はコミュニケーションの手段であり、文法のルールやら語法などは間違えても、現実にはほとんど問題なくコミュニケーションできるし、諸外国の人たちは非英語国民として堂々とダイナミックに英語を使いこなしている人が多い。

21.「重箱の隅をつつくようなことはやっても意味がない」

　しかし、日本人の場合にはこのダイナミズムや迫力が足りないことに加えて、ビジネス上、肝心なところでうっかりと変な英語を使ってのトラブルも多い。ということは、瑣末なことを気にしないで使うのはいいが、その大胆さに加えて、あくまでも絶えず細かいニュアンスにもこだわるような繊細さも並行して必要だということである。

　つまり、英語の学習を進めながら英語の感覚やセンスを身につけることが、初歩の段階から必要だということである。そして、そのような感覚を身につけるには、意味や用法の似た単語や文法のニュアンスの違いや微妙な使い分けなどに、こだわることも必要なのである。

　真の意味での英語力をつけたいのなら、確かにかつての受験英語のような重箱の隅をつつく文法問題などには、それほどこだわる必要はないし、たいていはメタ知識として専門の研究者以外はほとんど役には立たないことが多いのは事実だが、ときには英語表現や用法のニュアンスの違いにこだわることは大いにけっこうだし、生徒にも積極的に"こだわらせたい"ところである。

　では、どのようにそのあたりの見極めをして、かつ感覚を伸ばしていけばいいのだろうか？　その鍵は「自分（たち）の生活に密着させた学習」である。人間はだれしもあまり興味・関心のないものには、やる気が起きないものである。特に、学校の教科書は万人向きなので、どうしても精選されてかえって魅力に乏しくなりがちである。

　しかし、現実そのものの素材を使った学習であれば、迫力と魅力が違う。そして、このような魅力があれば「細部にこだわる」のもアリということになる。実際に指導した中学生たちは、いちいち辞書を引けとか予習しろなどと言わなくても、みな積極的に

調べてきたものである。なぜか？ その出ている英語のことを知りたいと思うからである。

　ある生徒は自分の家でよく食べるアップルチップのパッケージに出ている英文を調べてみたという。その英文を見てみよう。

> Choice, orchard grown Washington state apples are carefully sliced and delicately crisped to give you a delicious, nutritious real fruit chip that is naturally sweet.
> （ワシントン州の果樹園で育った高級りんごを、お客様に自然の甘さのあるおいしくて栄養価の高い本物のフルーツチップとして提供するべく、細心の注意を払って薄く切り繊細にぱりぱり感を持たせております）

　ここで、まず apples という名詞が文の主語として目につく。そして、この名詞を具体的に説明しているのが choice, orchard grown Washington state といった修飾語句である。イメージ的に左から右への流れがなめらかでしっくりするだろうか？ ここでは、この語句の順序が特定のりんごに合っているというわけである。次に、このりんごが「何かされてある」という受動態（are sliced と are crisped）が出ている。文法書などに出ている受動態の構文などとは比べものにならないほど、興味深い使われ方である（ちなみに、この生徒は学校で習っている受動態って、このようにちゃんと使われているんだということと、ここでも他のところでもほとんど by 〜 なんてついていませんでした、という発見までしました）。しかも、「どんな風にされた」のか、その様子を carefully や delicately といった副詞がうまく動詞に寄り添う形で説明している。

21.「重箱の隅をつつくようなことはやっても意味がない」

さらに、後半を見ると to give という不定詞がある。「お客様に提供するため」と定番の目的用法で使われている。ここで再び a delicious, nutritious real fruit chip と、修飾語句の並びが出てきた。ある意味で一通り原則を身につけたら、こういった例に何度も接して慣れるのが感覚を養うのに一番いいだろう。ここで冠詞の a が使われているが、自然にすっと入ってきて納得できるだろうか？ この「こだわり感覚」を持たせて、養成してあげれば、彼らは必ずや近い将来に生きた英語を理解し使いこなせるようになる。

最後に、関係代名詞の that がある。自分でもこのアップルチップを説明していて、". . . fruit chip" まで行って、そのあと軽くひと呼吸して、". . . that is naturally sweet." のように相手の目を見ながら、「どうあなたも食べてみない？」といった気持ちで自然に出てくるようになれば、いいわけである。

このように、いい意味で単語にでも文法にでもこだわることで、日常生活の中で生活と密着した形でのリアルな英語学習が可能となるので、中学生から大人まで自分のライフスタイルに合わせた英語力の向上が可能なのである（p. 122 参照）。

NGワード 22 「5文型もわからないようでは...」
―― 5文型も単純ではない

　たとえば、「5文型の区別もわからない」というような言い方がなされる。ここで言う文型とは英語教師にとっては馴染みのある、あのSVCやSVOOというものである。たいていの場合、ある英文がどの文型なのかをすぐに見極められる生徒はイコール、英語ができるし、その区別が全然つかないようだと英語はできないと判定される。その結果、うっかりすると「5文型もわかっていない。もっと基礎からしっかりやらないとだめだぞ」という、もっともらしいアドバイスがなされることとなる。しかし、実はこれは、二重のNGワードとなってしまうのである！

　なぜだろうか？　確かに5文型は英語の型を手っ取り早くつかめるようにする目安として便利なことは事実である。しかし、あまりにも単純すぎるので、その「型にはまらない」ものが多過ぎるし、また、ある英文がどの文型になるのかにことさらにこだわる教師も少なからずおり、ときに専門の英語学者を巻き込んでの論争に発展することもあるくらいである。特に、高校教師や大学教師には教科意識が強いので、うっかりすると文法や語法上の些細なことにもこだわる傾向が強い。英語にこだわったり、ある程度の分析ができることは英語教師にとって必須ではあるが、こだわり過ぎると、英語教育の本質がぼけてしまうおそれがあるので要注意である。

　なぜ、そんなことになるのかと言えば、長いことずっと英文はすべて5文型で識別でき、それができることが初歩の段階では極

めて重要視されてきており、文法書でも辞書でも果ては教科書などもそれに基づいて作られてきたがためである。しかし、この5文型を金科玉条のように絶対視して扱うのには問題があるとして、近年はそれをできるだけ指導の中でも外そうという動きもある。

これはどういうことかといえば、たとえば、

1. Ken ran the fastest.
2. She put some flowers in the vase.
3. There are some cows in the farm.

などはどの文型になるのだろうか？ 生徒に聞かれると困ってしまうかもしれない。理屈からすると、副詞は文型の要素たりえないので、1はSV、2はSVO、そして3はSVCとなるはずである。しかし、何かがおかしいことに気づく。1は確かにJohn runs very slowly. などと同じで要素としてはSVだが、現実のコミュニケーションを考えると、この "the fastest" こそがもっとも重要な情報であることがわかる。

さらにやっかいなのは2である。ここで副詞句の in the vase をはずしてしまうと、今度は文自体が成り立たない。必須要素のShe put some flowers だけで成り立つはずのものが成り立たないのである。しかも、副詞だからといって文頭に移動し、In the vase she put some flowers. とすると、英語としては正しくない。3になると形式上は there が主語だが、意味上は some cows が主語、といったような「真面目な生徒」ほどわけがわからない事態が生じてしまう。その結果、これは there is 構文として別扱いにされたりする。

しかも、いま言ったことは英語そのものというよりも、ほとん

どは単なる「メタ言語」や「メタ知識」と呼ばれる、英語の構造や構文をよりよく理解するための便法で、英語そのものではない。つまり、単純なはずの5文型だけでもちょっと例を引くとこれほどややこしく、下手すると英語それ自体に上達する前に、脱落してしまうおそれが多分にある（実際に、毎日、全国の学校では教師の振り回すこのメタ言語で、かなりの生徒が早々と英語嫌いになっているのである）。

では、どうすればいいのだろうか。1つ期待できる今後の方向性として、上の5文型はあまり複雑なことは抜きにして、要は「それぞれの文の動詞によって特徴のある形式ができている」ということさえつかめれば、それで合格にするということである。あとは、どんどんとその動詞の使われ方に慣れされればそれでいいのである。

すなわち、上の例なら「put という動詞は次に目的語（物など）が来て、その後には必ず、その物を置いたり、敷いたり、立てたりする場所を表す副詞や副詞句が来る。来てはじめて put という動詞の意味が完結する。したがって、そのためには順序も〈put＋モノ＋場〉でなくてはいけない」といったものである。コーパスで見ると、日常会話では実は Who put the flowers? のように、副詞などがないものも目立つ。しかし、きちんとした文法では、すべて副詞が必要で、上の文も Who put the flowers here? のような文の省略だと考えられる。会話ではいちいち当たり前の要素は省くのが原則だからである。

その上で、以下のような基本的でそのまま使えそうな英文を観察させて、確かに上で述べたような流れになっていることを確認させた上で、これらの例文を使った「1秒返し」などの練習（p. 16参照）に入るほうが、よほど実践的な英語力の養成になるだろう。

- Put your name in here.
  ここに名前を書いてください。
- Put this room in order.
  この部屋を整頓しなさい。
- Will you put your hand on my forehead?
  ちょっと私の額に手を当ててみて。
- Will you put me through to Ms. Ohno?
  大野さんに電話をつないでいただけますか？
- Can you put the plan into practice?
  その計画を実行にうつせますか？
- Can you put this English sentence into Japanese?
  この英文を日本語に訳せますか？

NGワード 23 「時間がないから、奇(偶)数の問題だけやろう」
―― 安易な教師の発話を、生徒は敏感に感じる

　いま、どこの学校でも悩みの1つが授業時間の確保である。何せ、学校は授業だけではなく、体育祭、健康診断、研究授業、父母懇など、とにかく行事ややることが多い。当然のことながら、教科としてどんなに時間を確保したくても、学校全体でおこなう行事は生徒も教職員も全員参加が原則だから、そのときは授業はないことになったり、研究授業などではたいてい早引けとなる。

　問題はその後のケアである。何らかの形で授業時間がうまく補えればいいが、必ずしもそうならないケースも多い。そうなると、進度合わせのために授業でやる材料を削らなくてはいけない。教師としても期末試験や中間試験などでの出題範囲との兼ね合いもあるので、本当はあまり削りたくはないのだが、削らざるを得ないときもある。

　その場合、たいていは本文というよりも、練習問題などの添え物(？)と考えられているところが削られる。たとえば、いま手元の練習問題は20題ずつ、3セットあるとしよう。それらをそれぞれ半分ずつならまあ時間は何とかなるといったときに、どのように半分に削っておられるだろうか？　うっかりすると、タイトルのようなNGワードがつい飛び出していないだろうか。いわく、「時間の関係で半分しかできないので、さあ、赤鉛筆をもって奇(遇)数の番号の問題にだけ、記しをつけろ。1、3、5...」と、深く考えずにやっていないだろうか？

　実はこのやり方はNGである。なぜだろうか？　生徒は半分しか

時間の関係でできないのかは説明でわかる。しかし、やる問題が半分とはいっても、それを奇数番号や偶数番号で選ぶというのでは、あまりに根拠が弱すぎるのである（相手が生徒であっても大人であっても、人を動かすにはこの「なぜか」という根拠をきちんと示すのが基本）。いちいちそんなことにうちの生徒はこだわらないという意見もあるだろうが、大事なことは、この安易な選び方で、教師が真剣なのかいい加減なのかを生徒は敏感に感じ取るという事実である。

　もし、半分にするにしても、「君たちのいまの力なら、これから言う番号以外の問題は特にここでやらなくても自分で十分解ける。わからなかったら来週、授業の最初で「練習問題の質問コーナー」を設けるから聞いていいよ。それまで待てない人はいつ聞きに来てもいいからね（もちろん、解答を配る手もある）。さて、これから言う番号の問題はちょっと手こずるから、今日やるからね。その意味では先生の厳選した必修問題だぞ！」と前置きして、「2、3、5、8、9 . . .」とアナウンスするわけである。

　ちょっとした子どもだましのようではあるが、この「何かの根拠によって先生が厳選した」というひと言によって、生徒たちが張り切るのは先ほどの比ではない。もちろん、教師側にあらかじめ準備する時間があれば、生徒たちの問題点や誤り（error）やすい箇所を踏まえて本当の意味で厳選してあげれば最高だが、時間がない場合でも、変な言い方をすれば「もったいぶって厳選した（？）」番号を読み上げるわけである。

　ここで大事なことは、教師の発話をいつでもどんなときでも、もっと大事にして注意する必要があるということある。適当にする発話、いい加減な発話、そしてやる気を阻害し、教師への信頼をなくさせるような発話に NG をつけて退場させることが、まさ

に本書の目的なのである。単に、生徒を傷つけることを言ってはいけないといった常識的なことだけではなく、彼らの信頼感を失うものも極力使わないようにしたいわけである。そして、残念ながら幾多の授業観察からは、退場させなくていけないものが少なからずあるのである。

　たとえば、生徒に質問するときや問題に答えさせるときにいったい誰からスタートするかを、みなさんはどのようにしているだろうか？　うっかりすると、何の根拠もなく、「今日は12日だから12番のS」などとやっていないだろうか？　これではその教師についていけば英語力がぐんぐんついていくよと言われても、とても信用できないだろう。大事なことは、「この問題なら、クラスの上位30％はすぐできるけど、次の20％の子たちがどうかだな？　できたら、どんどん進めて、できなかったら、足踏みでドリル形式で進めたほうがいいな。最後は、下から30％くらいまでなんとか、すらすら言えなくても、こちらで伴走してあげて最後まで言えるようにしよう」のような青写真が頭の中で瞬時に働いて、「じゃ、T君（上位45％あたり？）」と当てられることである。

　教師は指導するに当たって、小さな発話であっても指示であっても、あるいは指名であっても、このように生徒たちをきちんと把握したうえで行う必要がある。

NGワード 24 「俺について来い」、「私の言うとおりにしなさい」
―― 学習者の自律性を育てる

　うっかりすると、教師はいつまでも「俺について来い」、「私の言うとおりにしなさい」とばかり、生徒をコントロールしようとする。指示にしたがってちゃんとついてくる生徒ほどかわいいしいい生徒と思ってしまう傾向が強いのも、教師も人の子ならば当然と言えば当然である。しかし、実はこれが現場力を効果的に発揮する妨げとなることがあるのである。

　実は、世間一般に、いい教師と呼ばれている教師であればあるほど、この傾向は強く、生徒にとってもそのような教師を頼りにしていて、何かあれば「先生、先生！」と聞きに来る。もちろん、このような教師と生徒の信頼関係や師弟関係は大事なことではあるが、難点はこれが行き過ぎるといわゆる「学習者の自律性」（learner's autonomy）が育たなくなってしまうということである。つまり、自分にとって好ましい学習スタイルで自分で英語を学習するという「ひとり立ち」の問題である。現在の英語教育の考え方ではこの自律性をきわめて重視しており、英語そのものの指導以上に学習の成功要因の1つとして、取り上げている専門家もいるほどである。

　自分で自分なりの工夫や学習習慣を作り上げていけるのが、最終的に「英語習得」の成功要因のとても重要な部分だというわけである。しかし、実はこれを日本国内の現場を念頭において考えていくと、なぜ「生徒離れ」、「教師離れ」がより重要なのか、実はその背後には深刻で現実的な問題もあるのである。それは、学

校によってはひとりの優秀な教師が持ち上がりでそのままずっと卒業まで担当するとは限らない。また、同じ学年でもクラスによっては担当教師が違う。たいていの場合、教科書の進度を合わせたり、学期末の試験範囲をそろえたりするくらいで、教えること自体は各教師に任せられている。

そこで、次のような問題がよく起こる。熱心な教師に習ってその教師がいいと思っても、次の年にはそれほど張り切らない教師に当たってしまうということである。なにせ教育熱心な地区では、陰で学年度末になると、父母の間で「教師の通信簿」なるものが流布していて、新学期で英語の担当が持ち上がりか他の教師になるかで、「うちは当たった」とか「うちは外れた」などという会話までおこなわれているくらいだから、当の生徒はなおさら敏感である。

たったこれだけのことで「英語大好き」が「英語大嫌い」になった例を、それこそ筆者もごまんと見てきているし、企業研修などでも自称「英語難民」の社員の口から、数十年前のことを思い出して、その恨み節が出てくることがある。

では、いったいどうすればそのような不幸を防ぐことができるのだろうか？ そのための鍵は、"4 I's" という標語にある。この "4 I's" は英語など語学学習にとってとても大切なグループ学習やペア学習などの重要な支えとなるもので、それぞれの I は Introduction, Involvement, Interaction, そして Independence の頭文字である。これをたとえば、小さな 10 人くらいの集団に当てはめてみよう。

英語を学ぶといっても生徒側は最初に何をやっていいのかわからないので、まず発声・発音から始めるとして、そこは教師が自らやってみせてからやらせる必要がある。そのときに、「声の大き

24.「俺について来い」、「私の言うとおりにしなさい」

さはどのくらい出せばいいのか？」、「人と会話や対話をする場合、お互いどのくらいの距離をとればよいのか？」など基本的な道しるべや練習のヒントを教師が出してあげないと、まず活動自体が成り立たない。これが、Introduction（導入・紹介）である。

そして、活動が始まれば要領がわかった生徒はどんどんと活動の中に入っていくし、積極的に練習する生徒も出てくるだろう。途中から加わる生徒は最初は様子見だが、もう教師が一から始めなくてもグループやペアで活動していれば、そこに加わらせることで他の慣れた生徒がやり方を示しながら巻き込んでいくことになる。これが、Involvement（巻き込み・参加）である。そして、徐々にコミュニケーションの基本形ともなる Interaction（相互交流）が育っていくわけである。

そして、ここまでは教師は最初の導入を除けば、もっぱら号令をかけたり、時間の管理をしたり、また発音や文法などでの見過ごせないミスなどがあるときは、活動を一時ストップさせての「集中トレーニング」を自らリードしながらおこなうのが仕事である。その意味では「教える」のではなく「活動を促進させる」（facilitate）のが大きな任務である。

このような役割だと、別に教師はいなくてもいいのでは、という声もよく聞くが、なかなかそうではない。生徒が自主的に活動できるようにするのは、実は教える以上に難しいことである。一時期、生徒中心の授業（student-centered class）ということがよく叫ばれたが、実はその理念はわかっていてもなかなか踏み出せないでいる教師も多いのである。と同時に、なかなか現場でも文字通りの生徒中心で成功している事例というのは、ほんの一部を除いてはほとんどないと言える。

ここで言う "4 I's" の最後の I は、実は Independence（独立）と

いうことであり、相互交流もきちんとうまくできるようになった生徒は、いよいよ個々人として独立した形で「自律的な学習」を通しての英語習得が可能となるのである。つまり、教師頼りになり過ぎず、日常、自分なりに英語を学び、生活に組み込み、かつ必要に応じて自ら外国人や英語の母語話者を見つけて「相互交流」を何気なく独立しておこなえるように育つということである。いつまでも、学校の英語や学校の教師の庇護の下に安住しているようでは成長は望めないのであり、そのことを教師もきちんとわかっていて、「独立」へと導いていくようにしようというわけである。

Part 2

トレーニング法＆資料編

1 英語の発声・発音トレーニング

英語をきちんと聞いて理解し、対話できるようになるためには、まず第一に英語の自然な音と共鳴できる音声トラックを、自分の身体に作り上げることである。そのためには、自分の身体を楽器に見立てて、英語の発声・発音のトレーニングを徹底しておこなうことである。

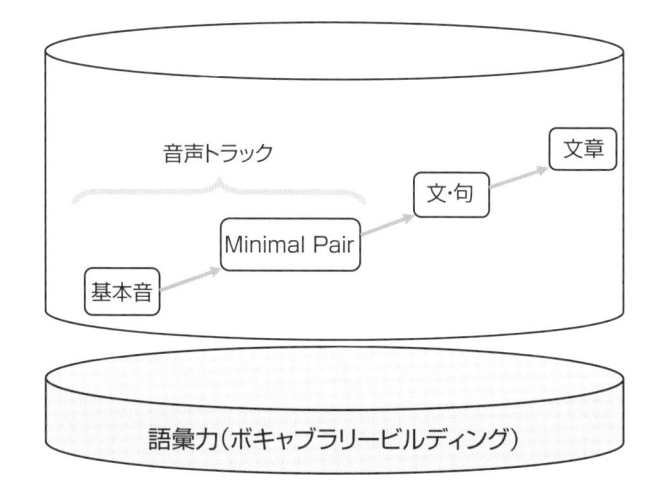

```
音声トラック: 基本音 → Minimal Pair → 文・句 → 文章
土台: 語彙力(ボキャブラリービルディング)
```

この音声トラックを作ることは、英語を習得するにあたって最も基本的だが重要な柱の1つであり、この段階において問題を抱えたままだと、その上にいくら積み上げようと思っても、自然で待ったなしの英語音声を相手にしたときに、頭打ちになる可能性

がある。つまり、特にリスニング力で、ある段階まではとんとんと進んだが、生の英語になるととても対応しきれない、といった悩みを抱えることになるケースのほとんどは、当初の音声トラックが中途半端なまま進んでしまったということに問題がある。

逆に、その初歩の段階で音声トラックをそれなりに作ることができれば、早い段階で生の英語の波が来ても、聞き取りはそれほど動じないことと、自分の英語にもなめらかさと正確さを持たせることができるようになることは間違いない。

トレーニングのやり方

上記のことを実践するために、「声出し」と「発音練習」をやってみる。まずは、まだ何もやっていない区切りのいい4月の新学期に、以下の「体勢作り」から始めるとスムーズにいく（ただし、信頼関係がまだ生徒とでき上がっていない場合には、「7つの約束」（p.34）などをして、生徒のやる気、前向きな気持ちを持たせてからおこなうようにするといい）。

◆基本姿勢

まずは生徒全員を起立させて、体勢作りをすべく以下の基本姿勢をしっかりさせる。起立姿勢のまま足を肩幅くらいに開き、肩の力を抜いて頭のてっぺんからピンと線で釣ったように姿勢を正しつつ、全体的にも力は抜く。あごは、あごの下に握りこぶしが軽く入るくらいに引き気味にし、上げすぎないようにする。

◆相手との距離

近くの人とペアになって挨拶をし、相手の人と向き合い、お互い両手を前へ伸ばして中指が触れ合うか触れ合わないかくらいの

間合いをとる。これが通常のコミュニケーションにおける適切な距離となり、これで外の通りでも回りに雑音があっても、相手に自分の声や言っている内容が伝わらないといけない、ということを認識させる。

特に発声を鍛えたい場合には、距離を倍にすることも可能である（これを、「ダブル・ディスタンス」と言う）。

以上のような距離を取って、ペアワークなどをやらせるわけであるが、いざクラスで始めると、隣などがいっせいにやるので、聞きづらかったり、まったく聞こえなかったりするペアが続出する。その場合、聞き手は以下のような手段でそれを相手に伝えるようにするとよい。

・ジェスチャーで知らせる
　片手（肘から上）を挙げる：何となくはわかるけど、はっきりとは聞こえない（p. 90 の左の図）
　腕を交叉させてバツ・サイン：まったく聞こえない（p. 90 の右

の図）

- カードで知らせる（サッカーをまねてカードを作り、それを生徒に持たせる）
  イエローカード：何となくはわかるけど、はっきりとは聞こえない
  レッドカード：まったく聞こえない

◆ペアの役割

　ペアを決め、2人でじゃんけんをし、勝った生徒に先に「リーダー」(leader) をやるか、「フォロワー」(follower) をやるか決めさせる（発声・発音の段階では、別にクラス内をすべて英語だけにする必要はないが、どうしてもオール・イングリッシュでやりたい教師は、英語のじゃんけん——paper, stone and scissors——の指示を出してももちろんよい）。リーダーはペアワークで資料（単語や文のリスト）を手に持って読み上げる役であり、フォロワーは（資料は見ずに）リーダーの言ったことをエコーイングする役となる（「エコーイング」とは、ちょうどこだまのように発声・

発音をきちんと返すこと。リピーティングではただ繰り返せばよいが、エコーイングはちゃんと正しい声と発音で戻らなくてはいけない）。

　ペアワークをおこなうときに一番重要なのは上下関係を作らないことである。そのため、随時、役割交代をさせて、練習後に気がついたところ、良かったところ、悪かったところなどを情報交換させた上で、そのペアをばらし他の人とペアを組むようにさせるとよい。

　なお、生徒数が奇数の場合には1つだけ3人のグループができるが、その場合には「トライアングル法」を使う。これはフォロワーを2人にするか、あるいは、1人をオブザーバーとし、観察して気になった点を指摘する役割を任せるのである。もちろん、この役割は随時変えること。

◆練習の進め方
① 　教師の合図で練習を開始する。最初は「ゆっくりでいいから正確に」発音するように指示する。リーダーは大げさなくらいに意識して発音するのが良い。フォロワーは、リーダーが発音した音を正確に繰り返すとともに、その口元をチェックするのも重要な仕事である（口元チェック）。そして、その口元が音によってちゃんと口の体操やあごの体操のように動いて、それぞれの音によって違っているか、モデルのビデオやALTの教師の口元と同じかどうかをチェックし、また自分が繰り返すときには逆にチェックしてもらうわけである。

　もし、チェックして「その音には聞こえない」、「口元が違う」などといったときには、上記のようにジェスチャーやカードでそれを示す。

Part 2 | トレーニング法&資料編

　教師が「やめ」と言うまでは続けるが、チェックされて納得できないときや、両者がそれぞれに相手の音が違うと言い合いなどになったときは、手を挙げて教師や ALT に判断やチェックをしてもらう。

　この形式の練習では、もちろん、最初は教師なり ALT がクラス全体の地ならしをして、少なくとも 30% 程度の生徒はけっこうできるし核となれる、という目安で始めるとうまくいく。この 30% をいかに早急に 60% まで持っていけるかである。この練習のポイントは、リーダーが発音でも単語でも文でも、フォロワーに、すっと噛まずに一発で投げられるかどうかである。そして、それを受けてフォロワーが、そのまま正確にしっかり返すことができればいいわけである。その意味では、一見、フォロワーの練習のように見えるが、本当はリーダー側の練習となっているのである。言うまでもなく、どちらサイドも最初は無理にスピードをつけないで、正確な発音で明瞭に、ただし、最初にとった相手との距離を崩すことなく、相手に聞こえるだけの声の大きさで言わなければならない。

　再度言うが、フォロワーはリーダーの言ったことが明瞭でなかったり、もたついていたり、声量が十分でなかったりして聞き取れなかった場合は、そのまま流したり勘で返したりせず、手を挙げるなりして一旦ストップさせ、伝わっていない旨を述べる責任がある。

　同時に、リーダー側も、もし自分の意図したものが返ってこなかった場合には、どこが違うのかなどの説明はせずに、相手が自分の意図したものを返すまで繰り返し発音するのがよい。

　つまり、リーダーとフォロワーは双方それぞれの役割・責任を負っており、ただやみくもに「読み上げる」、「リピートする」と

いうものであってはいけないのである。

② 教師は、机間巡視をしながら耳では練習中の発音チェックをし、あまりにもひどい場合には手伝ってあげる。また、判定不能のペアから手が挙がったときに、そこに行って問題解決をする。

また、上で紹介したカードを次のように教師自身が使う手もある。

クラスのほぼ全体に関わるような重大な誤りが見つかった場合には、手を2度たたいて、レッドカードを見せる。レッドカードを見せられたら、生徒はすべてをストップして、身体も教師の方へ向けなければならない（年度はじめに、そのように生徒と約束しておく）。そして、その誤りの箇所をクラス全体で練習させる。

クラスの一部で問題となるような誤りに気づいた場合は、同様に手を2度たたいて、今度はイエローカードを見せる。生徒は、そのままの体勢でいいが、耳と目だけ教師の方へ向けるようにする。そこで教師は、問題となる2、3組のペアにペアワークをやらせ、正しく発音できるようにさせる。

このようにして、ある程度、活動が進んだら、終了の合図をする。リーダーとフォロワーは取り組みをやめ、その時間の練習成果の話し合いと問題解決をおこなう。これは「情報交換」（英語では、Information Please!）と呼ばれ、1〜2分でよい。情報交換では、フォロワーはリーダーの発音において聞き取りづらかった部分や、それに伴う口の形、声の大きさなど、気になった部分を指摘してあげる。もちろん、口元チェック役のフォロワーがたいていの場合いいコメントを出すが、逆にリーダー側も気づいたことを言ってあげるとよい。

情報交換の際、フォロワーが相手のほうが自分よりレベルが高

いと感じると最初は言いづらかったりするかもしれないが、この取り組みはどちらかというとリーダーにとっての訓練であり、フォロワーはリーダーが問題点に気づき改善する機会を作ってあげるための<u>重要な任務</u>を担っているため、自信のあるなしにかかわらず伝えてあげることが<u>重要</u>となる。

③　今度は教師の合図で、リーダーとフォロワーを逆にし、同じようにして取り組みと情報交換をおこなう。
　生徒が慣れてきて練習のテンポも早くなれば、途中で情報交換なしでリーダーとフォロワーを交代させ、情報交換を最後にまとめてやる方式に切り替えるとよい。

◆シングルからダブルアップへ

　ここまでの取り組みの仕方は、「シングル」と呼ばれるやり方である。「シングル」とは、各単語や文を1度ずつ読み上げる方法で、「正確に発音できること」、「うまく言えること」に重点を置く手法となる。

　シングルにおいて正確さが安定してきてある程度、リズミカルに言えるようになったところで、今度は「ダブルアップ」へ移行する。

　「ダブルアップ」とは、各単語を2回ずつ読み上げてエコーイングしてゆく手法で、2度続けて言うという負荷をかけてもブレないかどうか、さらなる正確さを確認することとが目的となる。

　たとえば、次のようになる。

　　リーダー：　"each, each"
　　フォロワー："each, each"

リーダー: "ill, ill"
フォロワー: "ill, ill"

また、ダブルアップに移行した後は、スピードを徐々に上げていくという負荷も加え、正確さに加えてなめらかさも要求するようにする。理想は、往復で1秒以内である。

◆ランダムショット
　ある程度慣れてくると、リストの順番によって推測ができてしまうため、「ランダム・ショット」といって、リストの順番通りに読み上げず、目に入ったものからどんどん発音してゆく方法に切り替える。リーダー側が単語や文などを選ぶのに時間をかけないのがポイントで、そのためには、普段、リーダーの役をするときには情報交換の際に相手から指摘された問題音やうまく言えない項目を色ペンでマークしておき、自分がリーダーになる際、なるべくそれらの苦手なものを何度も選ぶようにし、改善のチャンスを図ると自分の練習も兼ねて効果的である。

◆「クローズド」と「ブラインド」
　ここまでのやり方は「オープン」と言って、フォロワーはリーダーの口元を見ながらおこない、口の形も同時にチェックできる方法であった。
　これに慣れたら、「クローズド」や「ブラインド」と呼ばれる手法、つまり、リーダーが自分の口元を隠すか、フォロワーが目隠しする（あるいは目をつぶるだけでもよい）かしておこなう方法へと切り替える（p.96の図参照）。この場合、フォロワーは口の形を参考にできないので、相手がどの音を発音したのか、純粋に耳

だけで判断しなければならないことになる。一種の加圧トレーニングのような効果が期待できる。

◆ミニマル・ペア

クラス全体として音の区別（たとえば、[r]と[l]や[s]と[ʃ]などの区別）があいまいなときには、ミニマル・ペアの練習をおこなうといい。"wrong — long"のような問題となるペアの単語を板書やプリントなどで示した上で、数分間集中してペアワークをさせるのである。

●ミニマル・ペアの例：[r]と[l]

right — light	river — liver	road — load
brew — blue	crew — clue	fry — fly
grow — glow	pray — play	wrong — long

やり方は、上記のペアワークと同様であるが、このミニマル・ペアのような発音練習のときには、大げさくらいの口元の変化や

音量を出すように指導する。そこまでさせないと、なかなかいざ本番での会話やスピーチになると英語の音がうまく響いてこないものである。

ある程度慣れたら、今度はよりリズムとなめらかさを意識して2回ずつスピーディーに言う「ダブルアップ」練習をおこなう。たとえば "wrong-long" の場合、リーダーは "wrong, wrong" とまず左側の wrong を2回リズミカルに言って、それをフォロワーがそのまま2回ずつエコーイングする。次に、右側の long も同様にしておこなう。

1回ずつのときは大丈夫でも、スピードがつくダブルアップになると、とたんに粗が出てくる生徒が多いので注意させる。とにかく、正確に、なめらかに言えるようにするための重要なステップである。

このように "wrong, wrong, long, long" と2度繰り返す練習法を「レギュラー」と言い、指示を "Double-up, regular, open!" のように英語で言うと雰囲気も出る。

これに対して、リーダーが "wrong, long, wrong, long" と横のペアで2回言い、フォロワーが "wrong, long, wrong, long" と2回そのままエコーイングをする方法を「サイド」と呼ぶ。スピードが出ていての対立する音の練習なので、レギュラーよりもいっそう難しい。

"wrong, wrong, long, long" のようなレギュラー練習では次第に慣れも出てくるし、下手すると相手の口元で音の違いがうまく出ていなくても、素通りしてしまうおそれがある。それを避けるために、同じレギュラー練習を、今度はフォロアー側が「目を閉じて」おこなう（「ブラインド」または「クローズド」）。文字通り、耳だけでの識別になるので、この形式で鍛えると、発音力だけで

なく、リスニング力もかなり向上する。

同様にフォロアー側が目を閉じて、今度は上記の「サイド」の形式で練習する。

慣れてくると、さらに上位の練習法である「トリプルアップ」("wrong, long, wrong, long, and wrong, long" のように、軽くandを入れて、さらに1回分追加して、よりいっそうリズムとスピード感を持たせた手法)などにも問題なく進めるようになる。

なお、単語ペアの選択はランダム(自由)だが、リーダーは自分が苦手な音のペアに何度も戻って練習するのがコツである。

その他の練習方法

基本音トレーニングの練習法は以上の通りだが、発音力を向上させるその他の練習方法も以下に紹介しておこう。

◆スーパー・シャドーイング

リーダーは朗読練習用のスクリプトを読み、フォロワーは遅れないようにエコーイングをおこなう。発音の流暢さに加え、集中力を養うことができる。なお、通訳を目指す人がおこなうシャドーイングとは別ものであり、フォロワーは間に合わない箇所は飛ばしてでもリーダーの発音についていくことが重要で、英文を読んだり聞いたりするときに、「途中であきらめない」態度を養うのも重要な目的である。

◆スピーチ

リーダーが朗読練習用のスクリプトを読み上げ、フォロワーはオブザーバーとしてチェックをする。もしくは順番に教室の前などに出てスピーチをしてもよい。最初は英語を正確に読むことか

ら始めて、「片手読み」に移行するとよい。
　「片手読み」とは、練習用のスクリプト、ダイアログなどを片手で持ち、空いた方の手でジェスチャーを交えながら、メリハリをつけたり、感情を込めるなどして読む手法である。

◆ロールプレイ
　会話練習用のダイアログを、ペアが登場人物を分担して読む。最初は英語を正確に読むことから始め、「片手読み」に移行するとよい。

2　発音指導のポイント

　以下の留意点は、あくまで現場での指導の目安であり、教師が実際に指導するときのコツやヒントを示している。その意味でも、生徒にはくれぐれも音声学の専門語（後舌母音や破擦音といった難しい用語）や「舌の先を持ち上げて後ろに向かって引っ張る」といった曲芸のようなとても普通の人はできそうもないややこしい説明は避けるようにする。ポイントは外から見える「口の形」と下にあるような「たとえ」や「イメージ」などで、音を出す感覚をつかませるようすることである。

[æ]
　とても口の緊張を伴う音。口角を横にめいっぱい引き、かつ[e]よりもさらに口を縦にも開くため、口の形が長方形の状態で発音される。カエルを踏みつぶした時の「ギャッ」という音というたとえがわかりやすく、生徒にも受ける。とても強い音なので、四股を踏みながら「ヤッ」と発音したり、雑巾を絞りながらお腹に力を入れて発音するとよい。この音がしっかり発音できると、とても英語らしく響く。なお、catやmapのように無声子音の前では短いが、bagやdadのように有声子音の前ではやや長めに発音させるようにすると、より良い感じに響く。

[i]
　アクセントのない場合は、弱くほとんど[e]のように発音させ

るようにする。pocket は発音記号上は [i] になっているが、実際には [e] のようになる。very も [veri] よりも、どちらかというと [vere] のように、wanted も [wɔnted] のような意識で発音するとうまくいくようだ。ただし、この [i] の代わりの [e] 音は、あくまでも弱くぼかして発音させる。

[ə]
　口の緊張をまったく伴わない弱い音。ほとんど口を開けないでも出せる母音の代表で、通称「ゼロの音」。3 日 3 晩何も食べていなくて声も出ないのに出せる音で、極端に言えば、アクセントのないすべての母音はこの「ゼロの音」になる、と指導する専門家もいるほどである。英語の特に発音やスピーキングにうまくなるためのコツの 1 つは、上記の [æ] といった強い音とこの [ə] のような弱い音との差を極端すぎるくらいに広げることである。つまり、強弱のメリハリが大事というわけである。

[j]
　もともと母音の [i] であり、それが子音化したために、半母音と呼ばれる。口の構えはその意味で [i] とほぼ同じだが、[i] は純粋の母音で舌の先を歯茎の裏のところまで持ち上げて、素直に「イー」と発音するのに対して、[j] は半分は子音なので、舌の中部を高く持ち上げて、出る息を邪魔する形で声を出すことになる。日本語で「嫌だ」を若い女性が「やだーっ」というときの「や」や、掛け声をかけるときの「イェーイ」などの最初の「イェ」などにこの音が見られる。

Part 2 | トレーニング法&資料編

[s]

上下の前歯を閉じて、その歯の隙間から息を出して出す音。[s]そのものは日本語にもある音だが、英語では日本語よりもこの[s]をもっと強く発音する（p. 67のCNNを聞いた中学1年生のコメントを参照）。しかも、日本語では[s]と[i]の組み合わせが存在しないため、日本語の「し」の音にも使われている[ʃ]と混ざる生徒がとても多いので要注意。

[z]

[s]の有声音であるが、これも日本語では[i]との組み合わせがないので、日本の「じ」にも使われている[ʒ]と混同しないように注意したい。

[p] [b] / [t] [d] / [k] [g]

上のような子音は、日本人学習者の場合、つい母音をつけてしまって、日本語の「プ」や「ド」などになってしまうおそれが多分にあるので、くれぐれも注意させる。

[θ]

上下の前歯の間に舌の先を軽くはさんで息だけで発音する音。文字通りはさむのでなく、上の歯に下唇を当てるという意識で指導するとうまくいく。完全に噛んだり、強くはさんでしまうと、そのままでは慣れている人以外はとても発音できないだろう。

[ð]

[θ]に声をのせた音で、[θ]がうまくいかなければ、こちらの有声音でまずは成功させるのも手である。有声音と無声音のペア

2. 発音指導のポイント

では、通常は無声音から取り扱って有声音に進むのが普通で、現場でもその順序で特に問題はないだろうが、万一うまくいかない場合は、逆に、まず声をのせた有声音で発音するコツをつかませてから無声音に進むといいだろう。

[f]

　下唇に上の歯を軽くあてて息だけで摩擦しながら出す無声音である。うっかりすると、かなりの生徒がどうしても日本語の「ふ」（上下の唇が何とも触れ合っていない状態で発音される音）になってしまう。なかなかうまくできない生徒には、まずｆの口のまま息を流す練習（単語で言うのではなく、[f]の音だけの練習）をして、それが定着したところでそのまま母音へつなげていく練習をするとよい。

[v]

　[f]に声をのせた有声音で、これも[f]と同様日本人にとって難しい音で、どうしても[b]（上下の唇がぴったり合わさって、そこで息をためてから、息と声を破裂させて出す音）になってしまう生徒が多い。なかなかうまくできない人は、[f]と同様、まず[v]の音だけで練習をさせるといいだろう。下唇と上の歯でいわば空気でバイブレーション（摩擦）を起こす感覚である。

　なお、子音には大きく分けて２種類ある。１つは声をのせずに息だけで発音する「無声音」、もう１つは声を伴う「有声音」。喉に手を当てて、震えていなかったら前者、震えていたら後者が目安なので、生徒にも教えておくとよい。
　まったく同じ口の形でこの「無声」か「有声」かで意味が変わってくるペアが、[f]と[v]以外にもあるので注意したい。

> ●有声音、無声音で意味が変わるものの例
> t — d
>   ten — den   latter — ladder   tent — tend   wet — wed
> k — g
>   pick — pig   wick — wig   could — good   clue — glue
> p — b
>   pig — big   pin — bin   putter — butter   pat — bat

[l]

日本語の「ら」は舌の先が上あごをはじくだけだが、それと違って [l] は舌の前半分が上あごにぺったりと付いており、息が舌の両脇を流れてゆく音である。たとえば、lamp なら l-l-l-l-lamp のようにしばらくつけたまま発音させる練習をするとよい。

[r]

犬がうなるときのような音。便器の形のように舌の真ん中だけポッカリ空いており、それ以外は上あごについている。ポッカリ開いた空間の中で声をこもらせて発音する。口の形は日本語の「う」と言うときがちょうどその形になっているので、最初に軽く「う」と言って「ゥライト」のように発音するとうまくいくというのは、ある程度当たっている。

[w]

すぐに次の母音に移動するので、[w, wi, wu, we, wo] のように、続けて練習させる。コツはこのときに両唇を思い切り丸く突き出して、力を入れて左右に開く。一方、日本語の「ワ」や「ウィ」などでは両唇は上下に開くという違いがある。

3 子音発音の問題点

　日本人はとにかく子音の出し方がまずく弱いということはよく指摘される。教師は何と言ってもその英語は完全でなくともいいが、とにかく発音などは生徒のモデルになりうるので、やはり自信のない人は矯正しておくことが大切である。筆者が教えていた「英語教科教育法」の受講生（将来、中・高の教員志望79人）に母音、子音の自己チェックをやってもらい自己採点を求めたところ、圧倒的に多くの受講生が子音を問題音として挙げていた。それらは次のような音であり、おそらくこの一覧は大多数の日本人英語学習者や英語教師が抱える問題点を映し出したものと言って差しつかえないだろう。

[ŋ] 16　[θ] 12　[j] 9　[ʒ] 7　[ʃ] 7　[dʒ] 5　[l] 3　[s] 3
[m] 3　　[v] 3　　[z] 2　[n] 2　[f] 2　[ð] 2　[r] 2　[w] 1
　　　　　　　　　　　　　　　　　　　　　　　　（数字は人数）

　このことから、日本人学習者である程度は英語の習得が進んだ人の場合でも、軟口蓋鼻音 [ŋ] に対する苦手意識がもっとも強いということがわかる。

　確かにこの音は難しく、実はネイティブでも発音ができていない人もいるほどである。たとえば、English は [iŋgliʃ]、longer は [lɔŋgər] であるが、ここの [ŋg] をきちんと発音できるかどうかがアナウンサーの採用試験などでもチェックされている。

一方、同じように見える singer では、[siŋər] と [g] 音が入っていない。

したがって、sing や song はいずれも [siŋ]、[sɔŋ] で、語尾に「グ」を入れてはダメで、そのため、sing と sin [sin] はミニマル・ペアとなる。

発音のコツは、「鼻音」なので、上あごの後ろのところに舌を持ち上げてくっつけ、そこで息の流れを止めて鼻から抜くわけである。ただし、sing と sin の場合には、[n] 音も「鼻音」なので、発音するのも聞き分けるのも難しい。練習のコツは口の開け方で、前者は舌が後ろを持ち上げることになるので、自然と口が開いてしまうのに対して、後者の [n] 音ではあくまで歯茎の裏あたりに舌の先をつける形になるので、口はほとんど閉じることになり、違いが出る。

また、他にも、次のような特徴がわかる。

・硬口蓋歯茎音 [ʒ]、[ʃ]、[dʒ] の類に苦手意識がある
・歯茎音 [s]、[z] の類に対してはあまり苦手意識を示さない
・両唇音 [p]、[b]、[w] にはほとんど苦手意識を感じていない

なお、母音についてはほとんどの学習者は「まあ、なんとかなる」と考えており、わずかに [æ] と [ə] を問題点と答えた人が数名いるだけであった。

実は日本人は [u] 音に大きな問題点を抱えているのだが、たいていの人は教師の卵も含めてそのことには気づいていないようだ。何が問題かというと、日本語の「ウ」に引きずられてしまうからである。日本語の「ウ」は舌が前に来るが、英語の [u] 音は、後舌母音と言うように、舌が丸くなって後ろに来るのである。

4　教師の立ち方と発声トレーニング法

　どうにも授業がうまく行かない、生徒がのってこない、授業がワンパターン化してしまい単調でリズムがないので、教師の自分まで眠くなったり、やる気が出ない、といった悩みを持っている教師は意外と多い。もちろん、個別の相談には個別のケースで答えているが、中には相談の質問表ではまったく問題ないはずなのに、なぜか悩んでいるケースもある。そんな場合、それらの教師に向かって「原点に戻ってもう一度、最初の立ち方から復習しましょうかね」と言うと、一様にきょとんとする。無理もない。「立ち方」などは、教職課程の授業でも各種の教員研修でもまず教わらないからである。

　また、英語教師は日本語のネイティブ・スピーカーなので、日本語の発声・発音などは、ほとんど気にも留めないことが多いが、実はここが、いい授業となるかどうかの分かれ目でもあるのである。

　そこで、筆者の主催する研修などでは、最初の段階で必ず「立ち方」や「声の出し方」などをひと通り教える。それだけで、授業は大きく変わるのである。

(1)　教師の立ち方と姿勢

　一般社会でも人が相手を判断する時間は、おおよそ 90～120 秒と言われており、しかもそのほとんどが視覚情報をもとに、品定め (?) がおこなわれる。したがって、教師が授業をおこなう場合

は、ある程度、まず自分自身のビジュアルな演出を考えておく必要がある。しかし、それらは特別なものではなく、以下のように、どの職業の人や一般社会人でも必要とされるものであろう。

1. 背筋をきちんと伸ばす
2. 手を必要以上に無駄に動かさない
3. 基本的には、まっすぐに立つ
4. 身だしなみをきちんと整える（おしゃれというよりも清潔感に生徒は敏感なようである）
5. 視線を絶えず生徒側に、教室全体にまんべんなく向ける。慣れないうちは、いわゆる、ミツバチ体操（蜜のある場所を仲間に知らせるための、8の字を描くようなミツバチの動き）の目の動きをするとよい（下図参照）。

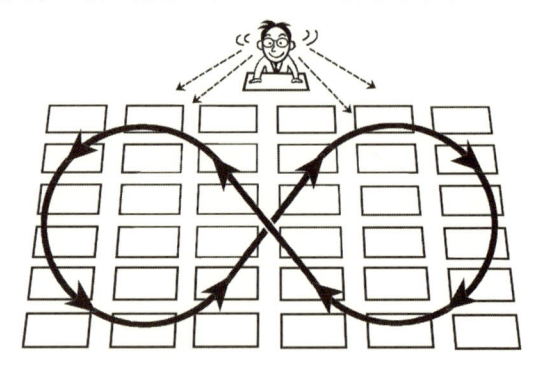

(2) 発声について注意するべきこと

教師の声は、何を言っているのかが教室の隅々の生徒にもきちんと聞き取れる大きさ（この大きさのチェック法については p.6 参照）であることはもちろん重要だが、それだけではなく、聞き手側となる生徒たちに、信頼してもらえるような声の演出を心が

ける必要がある。そのためには、以下の点に絶えず注意しておくことが重要である。

1. 明るい大きな声を出す
2. 声の大きさに、用途に応じて変化をつける
3. 適切な速度で話すようにする（早口の教師は特に要注意！）
4. 一本調子にならないように抑揚をつける
5. 歯切れのよい発音をする（下記参照）
6. 必要に応じて情感をこめ、自信を持って話す（この自信を持ってきちんと話すことがとても重要で、自信なさそうに話すと生徒は不安になるので要注意！）

(3) 歯切れよく話す練習

日本語であれ英語であれ、歯切れよく話す練習をしてみよう。いわば、授業へ向けてのウォームアップである。もちろん、この練習を続ければ確実に、単に授業だけでなく、日常の普段の会話もとても聞きやすくわかりやすくなったと言われるはずである。

◇フェイス・トレーニング

明瞭な発音、よく通る声のためには、顔の筋肉のなめらかな動きが重要である。

1. 思い切り口を大きくあける
2. 口をあけたまま、舌を思い切り長く出す。そして、舌を戻し、口を閉じる
3. 再び口を大きくあける
4. 口をあけたまま、下あごを左右に数回動かす。口を閉じる

Part 2 ｜ トレーニング法＆資料編

◇呼吸トレーニング
1. 両腕を前に出し、肘から上を立てて合わせる。
2. 両方の肘をつけるようにする。
3. つけたまま上にあげて、同時に息を吐く。
4. 合わせた両肘の下から自分の口が見えるか、ひとりのときは鏡を見て、ペアでおこなうときは相手に見てもらう。
5. 口を見ながら息を吸ったり、はいたりする。

慣れないうちは、腕や背中の筋肉が張ってけっこうつらいが、トレーニングを続けていると、筋肉が柔らかくなり、それほど無理しなくてもできるようなる。

◇発声トレーニング
1. ゆっくりと声を出し、響いているかどうかを注意しながら、口を開けて「アー」と発声する。母音は特に、呼気(吐く息)が邪魔されずに素直に出せる音なので、それらの典型的な音を使って発声・発音の土台作りの練習を日課にする。
2. 口(唇)を正しく開いて、舌は平らにする。特に、舌の奥のほうが盛り上がらないように、注意すること。また、のど

4. 教師の立ち方と発声トレーニング法

の通りをよくするためにのどと肩の力を抜いて、あごはあごの下に握りこぶしが軽く入るくらいに引き気味にする。発声のときは低い声は胸に、高い声はやや鼻に響くように心がける。
3. 十分に息を使う。横隔膜を動かして腹の底から出す気持ちで、自然に自分の声を共鳴させるイメージで声を出すようにする。

◇英語の3つの母音を使った発声・発音トレーニング
1. 大きく開いた口で、「あくびの『あー』」（英語の［ɑ］）音を伸ばし気味で言う。思い切ってあごを下ろし、縦に3本の指がスッと入るくらいに口を開けるのがコツ。
2. 口を思い切って丸くすぼめて、「ひょっとこの『うー』」（英語の［uː］）音を伸ばし気味で言う。トイレットペーパーの芯を挟みながら「うー」と発音するのが手。「おー」とも「うー」とも聞こえるようにするのがコツ。
3. 最後に、思い切って口を横にあごを張って長方形のようにして「かえるを踏みつぶした音の『あっ』」（英語の［æ］）音を思い切って強く一気に言う。相撲の四股を踏みながら同時にやるのがコツ。

できれば、以上のステップを鏡で自分の顔を映しながらやるとよい。特に、普段は使わない顔の筋肉を縦横に動かすように努めることと、口だけではなくあごを動かすようにする（あごをよく動かすので、「あご体操」と呼んでいる）。一般に、発音がよくきれいに響く人は、顔の筋肉が柔らかくてよく動くのと、あごが動くのが特徴である。

5 ワンショット練習

　ワンショット練習とは、英語の決まり文句や文を理屈抜きで覚えて、それを一息でスラスラ言えるようにする練習法である。この練習を積むことによって、英語の表現や文がいざというときとっさに出てくるようになるし、何より英文の持ち駒が増えることになる。それらの持ち駒は、入試や各種の検定試験対策に役立つことはもちろんである。

　やり方は簡単で、宿題としてリストの英文を音読してそらで言えるように指示しておく。授業当日はペアを組み、じゃんけんをして勝った人がリーダーかフォロワーを決めて始める。まず、リーダーがリストの中から日本文を1つ（たとえば、「あしたは何時に会いましょうか」）選んで言う。慣れないうちは少しハンディーを与えて、3秒以内にフォロワーがその英文（What time shall we meet tomorrow?）を言えるようにする。3秒以内で出てこないときは、リーダーが正解の英文を言ってあげて、フォロワーがそれを繰り返すという練習を重ねさせる。コツは、とにかくリーダー側も気合でひと息でさっと読み、フォロワー側もそれを短期記憶に一時的に入れておいて、そのままさっと丸ごと言い返すことである。以下、リストの他の文に関しても、同様に繰り返していくのである。

　この練習の成否は、リーダーが正確にすらすら1回で読めるかどうかにかかっており、リーダー、フォロワー両者ともに練習になるということを自覚させる。その意味では、リーダー側の「愛

のムチ」がとても大事である。特に、フォロワーが文の途中までは言えるような場合も、リーダーが途中から助けるような形で言ってはいけない。途中で言えなかったり、もたついても、文の最初から最後まで「ワンショット」で読み、「ワンショット」でフォローするというのが鉄則である。

　授業のウォームアップなどで使う際の1回の分量は、10個～20個くらいがいいだろう。生徒たちがあまりできない場合には、無理せずに数を少なめにして覚えやすくし、とにかく「言えるようになった、できた喜び」を味わわせるようにしたい。逆によくできる生徒たちは、みるみる見える形で力がついてくるので、慣れてきたら時間制限を3秒から1秒に短縮する。いわゆる「1秒返し」である（p. 16参照）。この「1秒返し」ができるようになった人は、大人でも子どもでも、英語ができないとか嫌いという人はまずいない。また、もう1つの応用法として、宿題で練習させてくるのでなく、いきなり当日、その場でリストを渡して、3分とか5分くらい各自に練習させてからすぐに行うトレーニング法もある。これができるようになると、英語の速読力や即聴力なども大いに上がっていく。

　なお、ワンショット練習で使う英文は、実生活に密着した生きた英語表現であるほど、その役立つ度合いは高くなる。以下に、それらの例をあげてみたので、参考にしていただきたい。

ああ、君のこと思い出したよ。	Yes, I remember you.
あいさつは英語でしなければいけないのですか。	Do I have to greet them in English?
この席、空いていますか。	Is this seat empty [vacant, taken]?
ズボンにアイロンをかけていただけますか。	Would you please press this pair of pants [iron these pants]?
あしたは何時に会いましょうか。	What time shall we meet tomorrow?
(この手のもので)明るい色のはありませんか。	Do you have (this in) brighter colors?
空きびんはどこに捨てたらいいのですか。	Where should I throw this empty bottle?
あきらめちゃだめだよ。	Don't give up.
もうホットドッグは飽きたよ。	I'm sick and tired of eating hotdogs.
その店は何時に開きますか。	What time does the store open?
このビン開けられないよ。開けてくれる？	I can't open this bottle. Would you try?
ドアは開け放しにしないで。	Don't leave the door open.
明けましておめでとう。	Happy New Year!
あなたにあげるわ！	This is for you. / Let me give this to you.
あしたの朝5時に起こして下さい。	Will you wake me up at six tomorrow morning?

足がしびれた。	My legs feel numb [sleepy].
足首をくじいたらしいんです。	It seems (that) I sprained my ankle.
おいしいですね。	It tastes good.
どんな味がしますか。	What does it taste like?
わたし、明日の朝6時には発ちますよ。	I'm leaving at six tomorrow morning.
荷物を昼まで預かっていただけますか。	Can I leave my baggage here till noon? / Would you keep my baggage here until noon?
銀行にお金を預けたいのですが。	I'd like to deposit my money in the bank.

6 生徒を積極的に活動に参加させるには？

　効果的な授業を作り上げようとしたなら、まず生徒たちの協力は絶対に必要である。その場合、あまり総論的な話や理想的な話をすることで何となく理解してもらうのではなく、具体的かつ短期的な（すぐに効果や結果がわかるような）アプローチをすることが鉄則である。では、どのような「すぐに効果が出る法」があるのだろうか？

　まずは行動を起こす前に、生徒（学習者）の心理を理解することが必要である。年度はじめや学期はじめはたいてい緊張していて、あるいは休みボケでボーっとしていることが多い。そのときには清涼剤としてのアイスブレーカーを使うとよい。簡単でゲーム性のある（同時に、ちょっとした休みボケにカツを入れる、単語力や表現力などのチェックがよい）ものだとけっこう盛り上がる。

　2つほど紹介しよう。これらのゲームは、単にアイスブレーカーとしての役割だけではなく、語彙力増強といちいち綴りを読まずに瞬時に単語を認識できる力をつける訓練にもなる。

1. スクランブル (Scramble)

　ある単語のアルファベットの順序をバラバラにして、元の単語を当てさせるゲーム。

　　例： ocrces → soccer

2. メイズ（**Maze**）

　縦、横、斜めにアルファベットをつなげて、単語を見つけ出していくゲーム。

　例：くだものを見つけるメイズ

　横、縦、斜めに12語が隠れている。

```
A Z O R A N G E A G
P P E A R L D M R B
I G P O T I N A K A
N K N L R M P A N N
E E A E E E I U E A
A T S M A E D W C N
P E A C H P T M I A
P R U N E Y D E W K
L O Q Q K B T G I F
E K W E D Y E N O H
```

隠れている単語

APPLE, BANANA, GRAPE, HONEYDEW, KIWI, LEMON, LIME, ORANGE, PEACH, PEAR, PINEAPPLE, PRUNE

　隠れている単語を先に示して、それを見つけ出させるというやり方にすると、もっとやさしくなる。

　しかし、授業もしばらく進むと、特に授業が苦手な生徒を中心に、「受身」、「逃避」、「放棄」などの教育上の問題が出てくることがある。もちろん、クラス全員が普段から声出ししていて、英語の授業は声を出して盛り上がるところだ、という形になっていれば、みながそちらにまとまるが、一部の英語好きや英語の得意な

子たちだけが中心の授業になってしまうと、できない生徒や英語の苦手な生徒たちの「英語嫌い連盟」がクラスにでき上がってしまうわけである。

そのようなときに、一番困るのは中間に位置する生徒たちで、彼らの心理のかなりの部分を「仲間はずれになりたくない」という気持ちが占めているので、前者のような積極的で前向きなグループ・ダイナミクスがクラスにでき上がればいいが、うっかりすると後者のような後ろ向きの「どっちみちダメなんだ」という諦めのネガテイブな方向に向かってしまうおそれがある。

そして、それが時間割上、昼食後に英語の授業があるようだと最悪である。そう、昼食後のあの眠くなる「魔の時間」である。英語が好きで得意な子なら、教師の説明も少しは眠くてもちゃんと聞いているし、内容も理解できるだろう。しかし、できない生徒や嫌いな生徒たちは、じっと教師の説明を聞いていることすらできないのである。教師の一方的な解説や説明は文字通りの呪文やら昼寝の子守唄に聞こえてしまうからである。その意味では授業には、どんな場合でも、適度なストレスが必要なのである。そして、ストレスを高めるために、生徒たちにいい意味でのプレッシャーをかければ、学習効果はどんどん上がっていくことになる。

したがって、学習者をいろいろな活動に積極的に参加させ、決して受身的にお客様扱いしてはいけないのである。授業では楽しいリラックスした環境を作ってあげることは大事だが、練習や理解などはある面で厳しくかつスピーディーにさせなくてはいけないし、その手綱を握っているのも現場の教師だろう。

その手綱をうまく握るための注意点を、以下にまとめてみよう。

1. まずは生徒を大人として扱ったときの重要な鍵は、理解を

図っての学習である。すなわち、理解させ気づきを持たせた上で、意識を高めさせながらの学習を心がけることである。

2. しかし、単に英語について教師が語って、それを生徒が理解してノートにとるだけでは、とても実践的な英語力は身につかない。それを具体的に「実」にするためには、徹底した練習やドリルが必要である。

3. 練習中でもドリル中でも試行錯誤が当たり前で、それらは指導というより、トレーニングで徹底的に鍛える必要がある。しかも、いまの学校ではこの部分が決定的に不足している。声を出して練習させたり、音読させるようなトレーニングを、もっともっとさせる必要がある。しかし、音読するといっても、単調過ぎてなかなかうまくいかないようだ。とりわけ、全員で音読するときは要注意で、一歩間違えるとかなりの生徒が単に大勢の声の中で口パクをしてしまうおそれもある。

4. トレーニングは、その基本が理屈ではなく身体に覚えこませ、習慣化させる作業が必須である。そして、こと身体で覚えるトレーニングは「平等」の効果をもたらす。すなわち、どんなに頭でわかっているできる生徒でも、トレーニングの手を抜くと、あっという間にできない子に追い越される。その意味では、英語嫌い、英語が苦手の生徒にとっては、このトレーニングの場は「一発逆転」できる絶好のチャンスである。

5. そして、その成功の鍵は、それらの英語劣等生を叱咤激励しつつ、少しできたらほめる、よりスラスラ言えるようになったらまたほめる、この連続である。トレーニングの合

間に、「じゃあ、ここで途中成果の発表会」と称して、普段はできない子で変化した生徒を積極的にスポットライトに当てさせる。「じゃあ、次はB君だよ」と、英語だけでなく、おそらく他の教科でも、ただ座っているだけが自分の授業と思っているような生徒に、それを打破させる機会を教師が作ってあげるわけである。

6. もちろん、そのようなスポットライトで英語ができる生徒よりもうまく発表できるようになるためには、限られた授業時間だけの練習では無理である。そこで、彼らには「殺し文句」を使うといいだろう。それは授業で声出しを含めてペアワークの練習をしている最中に、耳元でそっと「なかなかいいぞ、あと一息で勝てるよ。家で練習してくると絶対に相手よりもうまくなるよ」などとささやくのである。もちろん、英語で掛け声をかけてもいい。

7. しかも、心理学上はたいていの場合、左側から耳元でささやくのが効果的である。このようなトレーニングを毎時間でなくとも、随時おこなうことで、目の前の生徒たちを、ただ「聞いている」受身の立場から、積極的に「動く」立場へと変えることができるのである。

8. 生徒の勢いが加速度的についてくるのは、クラスでだいたい中間よりも少し下(下から40%くらいのレベル)の生徒に火がついたときである。ここに火がつけば、ちょうど枯野に火がついたように、クラス全体が「燃える集団」と化すことになる。この方式は手順さえ間違わなければ効果は折り紙つきである。

かつて、教員研修や講演会で「もし、やってみても全然変わら

6. 生徒を積極的に活動に参加させるには？

ないという、クラスや学校があったら、いつでもお手伝いに行きますよ」とアナウンスして、実際にいくつかの学校ではしばらく実際の授業や生徒の個別指導などをやったことがあるが、まったくどうしようもないというケースはほぼゼロであった。逆に、全然できないとされていた生徒が要領がわかってぐんぐん力をつけてきて、いつの間にか「英語のできる優等生」を追い抜いたようなケースもたくさんある。だから教育というのはおもしろいし、いい加減にはできないものだとも言えるのかもしれない。

7 授業で役に立つ日常生活語とはどんなもの？

　英語の授業を楽しく活気のあるものにして、できるだけ多くの生徒を巻き込んで進めようとするときに、とても重要なことは、特に名詞を中心とした「日常生活語」をタイミングよくできるだけ多く導入していくことである。たとえば、よく中1レベルでlikeやeatあるいはplayといった重要な動詞（日常生活でよく使われ、かつ、コミュニケーション活動やタスク活動がしやすいもの）の使い方を練習するのに、現行の教科書だけでは語彙制限のために、使える名詞が好きなくだものなら apple, orange, banana、食べ物なら bread や tomato などのように初級者用に限られてしまう。

　そうなると、どうしても Do you like apples? だとか、I like oranges. のような、単調でつまらない練習に終始する可能性がある。子どもたちの好きなスポーツでも、Do you play ～? だと、たいていは baseball, basketball, soccer に tennis で終わりである。他にもごまんと食べ物でも球技でもあるはずなのに、これではとても授業を盛り上げて生徒たちの目を輝かせることはできない。教科書を作る側も何とかそのあたりを是正したいとは思っていても、語彙の制限のために何とも仕様がない。その挙句、苦肉の策としてよく takoyaki や oden などの日本語をそのまま使って練習をすることが多いが、それはそれである意味で動詞の使い方の練習にはなるかも知れないが、生活語彙の増強にはまったく役立たないし、第一、安易な日本式英語がはびこる元凶にもなっている。

　以前見学した授業で、play の練習の際、play basketball, play

soccerなどを使って相手にいま部活などでやっていることを質問して、後でクラスでレポート（報告）する、といった活動をさせていたが、そのレポートでHe plays judo.（柔道をやっています）だとか、She plays boating.（ボート部です）のような変な英語が次々と飛び出していた。活動のねらいはよかったのだが、これではとてもまともな授業は難しい。生徒が日常やっていることや好きなものは現実感があるので、生徒たちも興味を持つし、積極的な活動に展開しやすいというメリットがある。ただその場合、単に目標文（target sentence）の練習に焦点を絞ると前述のように、つまらなくなることは目に見えているので、彼らの日常生活用語も合わせて学習できるように仕向けるのである。

　もちろん、そのためには普段の授業のとき以上に、準備などが必要である（どうも、上の研究授業の担当教師は、「柔道をする」や「ボート部である」などを英語でどう言うのかを自分でもよく知らないようだったし、それらの下調べもしていなかったようである。それではかえって授業が混乱するし、下手するとシラケてしまう。これではいけない）。このような活動は、彼らの「日常生活語」を増やす絶好のチャンスなので、教師自身も「しめた！」と考えて、準備やら仕掛けをあらかじめしておくべきである。

　確かに、初級レベルの中学生などは、それほど英語の知識や運用能力はまだ持ち合わせていないかも知れない。しかし、いまの時代、生徒は日常生活でカタカナ語ではあっても、かなりのスポーツ用語や食品用語などをもう英語でも知っているはずなので、それらを正しく発音したり英語できちんと言えたりする機会として、ぜひうまく使いたい。それとともに、毎回毎回、同じ限られた数の名詞の繰り返しでシラケてつまらないという授業にカツを入れることも可能となるだろう。

実際に進めるときの注意点を2つほどあげておこう。1つは、たとえば、上のplayはスポーツの場合には、基本的に「ボールを使った球技」に使われるということをきちんと確認した上で、もし、柔道、空手、(踊りの)バレエ、弓道、陸上などが出てきたら、それらは必ず「連語(collocation)」として、まとまった表現として覚えておくように指導すること。もう1つは一定の名詞には注意すべきものがあるので、それらが出てきたときには必ずワンポイントでの説明(ひと言でよい。絶対に得意になって蘊蓄を傾けないこと。時間を無駄にしているナンバーワンがこの教師の蘊蓄である)を付け加えることが大事である。たとえば、楽器も playだが、play the piano と play piano の違い(前者は自分のピアノなど具体的な楽器をひくのに対し、後者は抽象的な曲をひくことをさす)や、くだものなら、fruit と fruits の違い(「くだものは好きですか?」は英語圏では圧倒的に "Do you like fruit?" と言うことなど)や、もっと細かいところでは、同じ「実」でも柔らかいと berry (~berry)で、硬いと nut (~nut)と呼ばれることなど、教師にとっては当たり前の知識でも、生徒にとってはけっこう興味深い話となるのである。

では、以下に授業でも明日から使える、「くだもの」から「飲み物」まで、食べ物に関する日常生活語を挙げておこう。

Fruit　くだもの

以下のような単語を導入するとけっこう盛り上がる。近くのスーパーなどで、他にもないかを調べさせてもおもしろい。

apple	りんご	blackberry	クロイチゴ
apricot	アプリコット	blueberry	ブルーベリー
banana	バナナ	cherry	サクランボ

7. 授業で役に立つ日常生活語とはどんなもの？

chestnut　栗
cranberry　クランベリー
fig　いちじく
grapefruit　グレープフルーツ
grapes　ブドウ
guava　グアバ
kiwi　キウイ
kumquat　キンカン
lemon　レモン
lime　ライム
mandarin orange　みかん
mango　マンゴー
melon　メロン
navel orange　ネーブルオレンジ
nectarine　ネクタリン
orange　オレンジ
papaya　パパイア
passion fruit　パッションフルーツ
peach　桃
pear　セイヨウナシ
persimmon　柿
pineapple　パイナップル
plum　プラム（セイヨウスモモ）
pomegranate　ザクロ
prune　プルーン
raspberry　ラズベリー
strawberry　いちご
tangerine　タンジェリン（みかんの一種）
watermelon　すいか

Grains　穀物

あまり授業では取り上げられないが、食生活では重要なので一度、活動の中で入れるとよい。

barley　オオムギ
corn　トウモロコシ
millet　キビ、アワ
oats　オート麦
brown rice　玄米
short grain rice　短粒米（主に日本の米）
long grain rice　長粒米（主に東南アジアの米）
rice　米
rye　ライ麦
soy beans　大豆
wheat　小麦

Breads　パン

　何と言っても、英語圏ではパンが中心となることが多い。したがって、英語の授業でbreadだけではつまらないし、もったいない。単に、I like bread.といったしらける練習ではなく、もっと具体的にI like garlic bread.やI love sweet rolls better than croissant.のような現実感をどんどん出せれば教室も盛り上がる。特に、英米では、食事などの際に、好きな物を選択させることが多いので、そうしたタスクなどにはピッタリである。

- biscuits　アメリカでは小さめのパン（scone とも言う）
- brown bread　（全粒小麦粉の）黒パン
- cake　ケーキ
- cheese sticks　チーズ棒
- coffee cake　コーヒーケーキ
- cookies　クッキー
- corn bread　コーンブレッド
- crackers　クラッカー
- croissant　クロワッサン
- doughnuts　ドーナツ
- English muffins　イングリッシュマフィン
- garlic bread　ガーリックブレッド
- hard rolls　ハードロール（硬いロールパン）
- muffins　マフィン
- pancakes　パンケーキ
- pie　パイ
- rolls　ロールパン
- rye bread　ライ麦パン
- sourdough bread　サワードウで発酵させて作ったパン
- sweet rolls　スイートロール（甘いロールパン）
- waffles　ワッフル
- wheat bread　小麦パン
- white bread　精白パン

Desserts　デザート

　英語圏に行って、レストランで食事をしたら、たいていは最後にお楽しみのデザートだ。そのようなシミュレーションやタスク

7. 授業で役に立つ日常生活語とはどんなもの？

で、What is your favorite dessert? や What do you have for dessert? などと言って、生徒の手元に下のリストがあれば大いに盛り上がるだろう。

apple pie　アップルパイ
birthday cake　誕生ケーキ
cake　ケーキ
candy　キャンディー
chocolate cake　チョコレートケーキ
chocolate bar　チョコバー
chocolate chip cookie　チョコチップクッキー
cookies　クッキー
donut / doughnuts　ドーナツ
fruit　果物
ice cream　アイスクリーム

jello, jell-O　（商標）ジェロー（フルーツゼリー）
muffin　マフィン
pie　パイ
pie a la mode　パイアラモード（アイスクリームを添えたパイ）
potato chips　ポテトチップス
pudding　プリン
sweet rolls　甘いロールパン
whip cream　ホイップクリーム
yogurt　ヨーグルト

Drinks and Beverages　飲み物

飲み物も基本的な対話練習や drink や have などを使った構文練習には欠かせない材料である（なお、カッコに入れたものはアルコール類なので、中高生の練習では省いたほうがよいだろう）。

（beer　ビール）
（brandy　ブランデー）
cocoa　ココア
cocktail　カクテル
coffee　コーヒー
coke　コーラ（＝cola）

green tea　緑茶
ice coffee　アイスコーヒー（＝ iced coffee）
ice tea　アイスティー（＝iced tea）
juice　ジュース

lemonade　レモネード
（liquor　強い酒類）
milk　牛乳
milkshake　ミルクセーキ
oolong tea　ウーロン茶
orange juice　オレンジジュース
punch　パンチ（＝fruit punch フルーツパンチ）
root beer　（アルコールなし）ルートビア
soda　ソーダ
soft drink　清涼飲料
tea　紅茶（＝black tea）
tea with lemon　レモンティー
tomato juice　トマトジュース
water　水
（whiskey / whisky　ウイスキー）
（wine　ワイン）

Kitchen Knives　台所用包丁

　料理なども授業で取り上げるとけっこう盛り上がる。シミュレーションでよいので、活動しながら英語を覚えるのに合っている。料理用の道具などは大学生でも意外と知らないことが多い。「まな板」や「なべ」、「やかん」あるいは「冷蔵庫」などはきちんと言えるだろうか。また、日本語とはズレがある「電子レンジ」（microwave oven）や「ガスレンジ」（gas stove）などはどうだろうか。

boning knife　骨取り用包丁
bread knife　パン切り用ナイフ
butcher knife　肉切り包丁
butter knife　バターナイフ
cleaver　肉切り包丁
filleting knife　ヒレ肉用包丁
grapefruit knife　グレープフルーツ用ナイフ
ham knife　ハム用ナイフ
kitchen knife　キッチンナイフ
oyster knife　牡蠣用ナイフ
paring knife　皮むきナイフ
steak knife　ステーキナイフ

8 英語の種類を知り、足りない「英語種」の補足を

　どのような言語であっても、その言語圏では人々が生活している以上、言語そのものも単語であれ表現であれ、その生活や人間と密着した形で使われている。そして、それらには当然のことながら TPO に応じて、いくつかの種類がある。まず、普段の生活で実に気楽に"生活感覚丸出し"で使われているのが「カジュアル英語」(casual English) である。これは、毎日、家族と話したり、恋人などと話しているような英語であり、親しい友人などとももっぱらこの英語が使われるのが普通である。そして、この英語は英語圏では頻度的にも実に頻繁に使われている英語のスタイルで、よく目にするアメリカ映画などでも、その 53% がこのスタイルの会話展開だとされている。

　ところが、このカジュアル英語は、学校などで教えられている英語の中のわずか 8% でしかないため、学校で身につけた英語力だけでは、リスニング力の問題だけではなく、そこで使われている表現や言い回しの面などでも、映画の英語がうまく理解できないといったことが起こってしまうわけである。このスタイルの英語の学習となると、教師側もよほど映画の英語が好きだとか、海外留学で生の英語環境の経験があるといった人でないと、なかなか指導しにくいという問題が生じる。そのため、現場ではどうしてもあまり重要視されずに、つい見過ごされることが多いのが現状だと言える。

　今後はこの種類の英語も、できるだけ機会があるごとに現場で

補足したり、ケアをして行く必要があるだろう。機会があれば映画などからピックアップして、一種の投げ込み素材として、うまく導入してほしい。現に、生徒の反応も、実はこのカジュアルな英語をもっと取り上げて欲しいという声が圧倒的に多いのである。

　2番目は、日常生活で使われるインフォーマルな英語 (informal English) で、一般に言う標準英語である。毎日、職場やお店あるいは近所の人たちなどの間で使われ、顔見知りだがそれほど親しい関係ではない人を相手に使うものである。ただし、アメリカ人は社交的なので、初対面からいきなり気楽な感じのこの英語で話しかけてくる人も少なくない。なお、アメリカ映画では約37%をこのスタイルの英語が占めているとされる。かつては、学校で教える英語というと堅苦しい (bookish) 英語で、どちらかというと書きことばに近いような響きのものが多かったが、コミュニケーションを重視する最近の指導では、いろいろな会話本や学校などでもできるだけこのスタイルの英語を基本として教えようとする傾向にある。なお、カジュアル英語とインフォーマル英語を使った会話のサンプルをこの項目の最後にあげておくので、参考にしてほしい。

　3番目は、硬い響きのするフォーマル英語 (formal English) である。これは知らない人や初対面の人、職場の上司や、年上の人、目上の人などに使う英語で、TPOもかなり限定されるために日常生活でも使う頻度は少なく、わずか10%程度を占めるだけである。話す英語も文法に遵守した書きことばに近いもので、きちんと完結した文の形式をとることが多い。ところが、コミュニケーション重視でとりわけ話す力をつけさせようとしている学校英語で、なぜかいまなおもっとも頻繁に登場している英語のスタイルがこれである。特に、受験などの影響もあり、日本の高校などで

8. 英語の種類を知り、足りない「英語種」の補足を

教えられる構文や熟語、文法事項の用例などには、現状ではまだかなりこのスタイルの英語が数多く含まれている。

もちろん、日本人を含めて、外国人学習者がきちんとしたフォーマル度の高い英語を覚えることは別に悪いことではないが、学習者が自然に上の2つのスタイルとの違いに気づいたり、TPOに応じて使い分けられるようになるなどといったことは、特殊なケースをのぞけばほぼ不可能に近いので、教師の側で、現実の生活で主に使われている英語の種類と学校で扱われている英語には何らかのズレやギャップのあることを自ら極力理解するように努力すると同時に、問題のある表現や語法についてはその都度、うまく指導をしていくことが必要である。

英語圏の中でもとりわけアメリカ社会では、人間関係をはじめいろいろな分野で「インフォーマル」であることが好まれるとよく指摘される。そして、それは上のような日常会話に顕著に現れており、日本社会なら相手が目上か目下か、あるいは男性か女性かなどによって、微妙に異なった機能公式（functional formula）を使い分けているところを、ちょっと聞くとぶっきらぼうくらいにインフォーマルな表現で押し通している感じがする。たとえば、「(生)ゴミを出してくれる？」という依頼表現を丁寧度の高低で並べてみると下のようになる。

丁寧度が高い
↑ Would it be too much trouble to take out the garbage?
Would you mind taking out the garbage?
Could you take out the garbage?
Can you take out the garbage?
Will you take out the garbage?

> Can't you take out the garbage?
> Won't you take out the garbage?
> I would like you to take out the garbage?
> Why don't you take out the garbage?
> I want you take out the garbage?
> Please take out the garbage?
> Take out the garbage.

丁寧度が低い

　たいていアメリカ人ならよほど特殊な状況でない限りは、下寄りの表現を好んで気楽に使うのに対して、日本人学習者は知っている人に対してでも上寄りの Could you 〜? や Would you mind 〜? など、フォーマル度の高い英語表現を日常会話でもかなりの頻度で使っている可能性がある。そして、それには授業や教科書などで教わった英語のレベルの影響が多分にあるわけである。それらの丁重な英語を使うことに大きな問題はないものの、いつでもそれではよそよそしく、かつ時にはわざとらしく皮肉に聞こえてしまうというようなこともあるということだけは知っておく必要があろう。

（3人での気楽な会話）

D: So, ＊＊＊. You had jury duty.

L: Yeah, I just got back from jury duty! Um, and I actually got on a criminal case.

T: Uuuuu.

L: Yeah, it was pretty interesting. Um, it, I can talk about it now (D: You can?) of course.

D: It's over.

L: Yeah, it's over

T: Oh, good!

L: Uh, the funny thing about though was, I wound up being the 13th juror.

T: Is that unlucky?

L: Well, it was for me (*laughing*)

D: (*laughing*) Why so?

L: Because that meant that I was the alternate juror and, so, but we didn't know that until the very end.

T: What is the alternate juror?

L: Well, the alternate juror is the one that sits in and listens on all the testimony and everything just in case one of the jurors gets sick, or can't make it, or something like that. They don't have to start all over again. (D: Right.) But they didn't tell me that I was the alternate juror until the very end.

D: Oooh.

Part 2 | トレーニング法&資料編

D: で、君は陪審義務で行ってきたわけだ。

L: そうなの！ 陪審のお勤めからちょうど帰ってきたところなのよ。で、実際に刑事事件に関わってきたってわけ。

T: へえー。

L: 興味深かったわよ。話、聞きたい？（D: 聞かせてくれる？） もちろん。

D: 終わったんだ。

L: ええ、終わったわ。

T: おぉ！ それは良かったね！

L: あー、でもね、おかしな話なんだけど、結局私は13人目の陪審員だったのよ。

T: それってアンラッキーだったってこと？（注: 13は不吉な数字から）

L: そうねぇ、私にとってはね。

D: どうして？

L: だって私は代わりの陪審員だったってことだもの。それで...でも、私たちはそのことを最後まで知らなかったのよ。

T: 代わりの陪審員って？

L: うーんと、代わりの陪審員っていうのはね、陪審員の誰かが具合が悪くなってしまったり、役目を果たせなくなったり、とにかくそういう感じになってしまった時のために、裁判にずっと居合わせて証言も全部聞いている人のことよ。また最初からやり直したりする必要がないようにね。（D: なるほど。）でも彼らは最後の最後まで、私がその代わりの陪審員だったってことを私に伝えてくれなかったのよ。

D: あ〜。

9 コミュニケーション・ストラテジーの活用

　初級レベルからある程度の上級レベルの学習者まで、「身につけたいスキルは?」というアンケートでほぼ筆頭に挙げられるのが、スピーキング力である。この力は、諸外国の中でも日本人がもっとも苦手なスキルであり、身につけたい、うまくなりたいというのはそれの裏返しであろう。ここでは、特に対人コミュニケーション力がどのようにすればうまくなるのかを、コミュニケーション・ストラテジー (communication strategy) というものの使い方の指導とからめて、簡単にまとめておこう。

　面と向かっての対人コミュニケーションの場合、たいていは場面の状況や常識の支えもあって、英語がそれほどはできなくとも、会話の際に示されている意味を、なんとなくこんなことだろうと推測する能力 (expectancy) が、人間にはある程度は備わっている。この相手の推測力を当てにしながら、言語活動をおこなうようにすれば、英語を使うということが、ずいぶんと楽になるはずである（その意味では、場面の状況に加えて、相手の顔の表情やジェスチャーなどもトータルに見ることができるので、電話のように同じ会話でも音だけのやり取りよりも、ずっと意味の交換がやりやすいことになる)。

　しかし、そうは言っても時には相手の言っていることが理解できなかったり、すぐに言うことを思いつかないといったことも生じるだろう。そのようなときは、まずは相手にそのことを知らせて、コミュニケーションが不成功に終わることを避ける必要があ

る。とにかく、必要な意味の交換を達成するまであきらめない強い意思が重要である。それが、学習の過程で使われるコミュニケーション・ストラテジーの大きな役割である。

コミュニケーション・ストラテジーは、学習者が主に外国語を使ってコミュニケーションを円滑におこなうための種々の工夫やテクニックを指している。いわば、「言いたいこと」と「言えること」のギャップを実践の場で埋める手立てとして使われるものである。そのストラテジーには実践上、聞き取れないときの応急処置法と、自分が言いたいことがうまく言えないときの処置法（repair）の2つがある。通常、コミュニケーション・ストラテジーと呼ぶときは後者を指し、前者は「聞き返し」や「確認」などの機能表現が使われている。

まずは相手の話によくわからないところや聞き取れないところがあれば、わからないことを示して、当然のことながら、そこで話を止めて聞き返すことになる。「聞き返し」の代表は、"I beg your pardon?" や "Pardon?" や "Could you say that again?" や "Come again?" などである。「確認」は、"You mean . . . ?" や "So you went there, too?" あるいは "Like a big tiger?" などのような形でどんどんと相手の話の合間に入れていくものである。

いずれも種類が多く、聞き返しはいつも "I beg your pardon?" 一辺倒というのだけは避けるように指導する。大事なのは発するタイミングなので、わからない、聞き返しの要ありという瞬間に言うことが大切である。万一、適切な表現が思い浮かばないときは、"umm" や "Well . . ." などだけでも入れて、止めるコツを覚えさせる。とにかく、よくわからないまま一方的に英語をしゃべられて、ちんぷんかんぷんのまま、"Yes." や "Yeah." や "I see." や "Really?" などを、ただ適当に発するのがもっともまずい。

9. コミュニケーション・ストラテジーの活用

　一方、自分の番（turn）になって、言いたいことがうまく言えないときの応急処置法としては以下のものがある。

1. 何とか目的を達成するためのストラテジー

　とにかく、いまの会話の流れと目的からはずれないようにしながら、何とか問題解決を図ろうとするストラテジーである。

1.1　聞き手の助けを借りて何とか共同で問題を解決する

　自分の発話を完結しようとして、特に、言えないわからない単語や表現について相手に助けを求めることで完結させようとするもの。これには次のように2種類あるので、状況に応じてどちらでもとっさに使えるように指導しておく。

（a）　聞き手に直接、そのまま助けを求める

　わからない単語や表現などを、そのまま「〜は何て言うの？」という形式で聞く手法である。

　たとえば、いま釣りの話を自分がしていて、「鱒(ます)」がわからないときには、以下のようになる（A は日本人、B は英語のネイティブ・スピーカー）。

　A： . . . I usually go to that river, uh, to fish . . . *uh, how do you call this fresh water fish*?
　B： The one that is used for food? Uh, that must be trout.
　A： Yes, trout, trout. To fish trout and on that day we spent five hours, no more than six hours but fished only two.
　B： That's too bad. You really had a long day.

Part 2 トレーニング法&資料編

（b）　聞き手から必要な単語や表現を引き出す

とっさに「～は何て言うの？」といった投げかけもできないようなときは、単語や文を途中まで言って、そこで言い淀みやジェスチャーなどによって、自分の英語力の限界を示すことで、聞き手から必要な単語や表現を引き出したり、発話の完結を手伝ってもらう手法である。

たとえば、上と同じ状況で、

A: ...I usually go to that river, uh, to fish...uh, ほら、ほら（ジェスチャーで魚のかっこうをする）
B: Trout?
A: Yeh, yeh...to fish trout and on that day we spent five hours, no more than six hours but fished only two.
B: That's too bad. You really had a long day.

1.2　聞き手に単語や表現の良し悪しなどを確認する
（a）　聞き手に単語や表現形式などを確認してもらう

いま会話で使っている単語や表現が正しいのかどうかの確認を求めるストラテジーで、この場合、確認のタイミングが重要となる。通常は、単語や句や節などの切れ目で、下の例のように、うまく上げ調子のイントネーションを使って、間合いをとることで間接的に暗に確認を求める場合と、"Is this correct?" のようにそのままことばで直接、確認を求める場合がある。

A: ...I usually go to that river, uh, to fish...*trausu*?
B: You mean trout?
A: Yeah, trout...to fish trout and on that day we spent five

hours, no more than six hours but fished only two.
　B： That's too bad. You really had a long day.

(b)　相手がきちんと自分の話を理解してくれたか確認する

　どうしても学習者は"OK?"のような単語だけでの確認や、それまでの流れを無視した自分勝手の発話をしてしまいがちなので、"Did you understand?" や "Did you understand what I said?" あるいは "Did you follow me?" などのような理解の確認を求めるストラテジー表現を覚えさせるとよい。

2.　あくまでも自分の力で問題解決を図るストラテジー

　これには大きく、目標言語である英語ではなく、母語である日本語、あるいはジェスチャーや絵などを使うストラテジーと、あくまで英語で切り抜けようとするストラテジーの2つがある。

2.1　母語を使って乗り切る

　母語の知識をうまく利用する。わからない表現を母語で表すもので、英語で話していて「干し柿」を "... and we all ate ... uh ... *hoshigaki* ..." のようにそのまま言うことによって、何らかの日本独特の食べ物であるということを示して逃げ切るわけである。ただし、使い過ぎると、英語で話をしようとしているのか、日本語で話をしようとしているのかわからなくなってしまうおそれもあるが、効果的に使うと便利なときもある。そのあたりのテクニックを教えてあげたい。もう1つの手法として、「干し柿」を「柿を干したもの」のように、わかりやすく言い換えて使うこともある。

2.2　身振り・ジェスチャーで相手に理解を求める

これは説明するまでもないだろう。

2.3　代用表現や言い換えで乗り切る

問題があった際に、他の表現を利用して解決する。わからない単語を別の表現や類似表現に言い換えるわけだが、その語の上位語や類似語を使うことが多い。たとえば、英語で「干し柿」と言いたいけれど言えない場合に、hoshigaki dry fruit のように言うわけである。また、英語ではそういう言い方はしないにせよ、dry kaki-fruit のように作ってしまう（造語）方法もある。さらには、簡単な説明や言い換え（パラフレーズ）でそのものをなんとか相手に理解してもらう手もある。「干し柿」なら、a kind of dry fruit which is very sweet や dry fruit like apricots or prunes のように、何とかそのときの会話の流れを壊さない程度の近似値の意味内容に持っていく努力をするわけである。

代用表現はあくまで現実にある単語かどうかは別として、代わりのものを便宜的に使うのに対して、説明や言い換えは単語や表現の不足を自分の持っている英語で説明することで、うまく補いながら会話を進めようとするものである。そのために、通常は "I mean . . ." や "you know, . . ." などをうまくはさむことによって、何とかそれなりに相手の理解を得られるように説明していったりすることが多い。その場合、"I mean . . ." 型のストラテジーでは、自分で持てる単語や知識をフルに使いながら、とにかく、意図する単語や表現を相手に理解してもらおうとするやり方なのに対して、"you know, . . ." 型では、単語や知識をポンポンと出すことで、「ほら、あの、例の . . .」のように相手に該当の単語や表現を言わせて、相手が "Sweetened dry persimmon?" のように、言っ

たら、"... yes, that's right! Sweetened dry persimmon is ..." のように続けていく手法である。

3. 回避行動をとるストラテジー

基本的にはいったん始めた会話はなんとか目標を達成したいものだが、それがどうにもこうにも行かなくなったときに、その話題を無視したり避けたりしようとするストラテジーである。実際にはネイティブでももうその話題をやめたいときに、"By the way ..." や "Well ..." などで区切るようなストラテジーを使うことがある。ただし、学習者はこれを安易に使うと、コミュニケーション本来の練習にはならないので、英語力をつけようとしている人はあまり有効な方法ではないので使い方に注意させる。

3.1 単語や表現の回避をする

単語や表現がわからない場合、その単語や表現を避けて使わないようにする。たとえば、"We had enough pumpkin pie." と言いたいけれど、この pumpkin が分からないときに、それを避けて単に "We had enough pie." とだけ言うようなケースである。

3.2 話題の転換を図る

相手が言ったことがわからない場合、その話題を避けて何とか自分の知っている話題に切り換え変えてしまうというストラテジーである。これはたいてい自分が理解できない発言に関わらないように、話題を変えるという特徴が見られる。たとえば、"We had enough pumpkin pie." と言われ、その pumpkin がわからずに、その話題についていけないと思って、いきなり、"I usually eat Chinese food, Do you like Chinese food?" のように流れを切

り換えてしまうわけである。

3.3 完全に無視する

相手が言ったことがまったくわからなかった場合に、とぼけたり、聞こえなかった振りをしてそれで会話を終結させてしまう。相手はおそらく、再度繰り返しはするものの、反応がなければそこで "Well, just forget it."（いや、もういいよ。この件は忘れて）と言いつつ、自分で会話を終了するのが普通である。しかし、当然のことながら、必要な意味の交換が成り立たないので、誤解が生じたり、感情的なしこりが残ったりするので、その点は要注意である。

コミュニケーション・ストラテジーは、ある意味、その場を乗り切りための便法的色彩が強い。そのため、上でもわかるように、ほとんどの場合、コミュニケーションの流れの中で自分の知っている単語や表現などをうまく投げ込む手法であり、これに慣れたからといって、必ずしも文法や英語の構造が少しずつ発達・成長を遂げていくというものではない。したがって、これを安易に使い過ぎるとかえって習得の中心である文法やら構造、あるいは意味・機能の順調な発達を阻害するおそれがあるという専門家もいるほどである。

しかし、それにもかかわらず、授業の実際のコミュニケーション活動の場でも困ったときには、いずれ生徒が直面するであろう教室外の（situational）ことも考えて取り入れて指導しておきたいものである。そして、これと並行して構造やら機能を習得させるための練習には従来以上の時間を割いて、上の懸念を払拭していくことである。

10 英語で授業をやるための英語表現集

　最近の教員研修でもっとも相談の多いことのひとつが、英語で授業するときの英語についてである。これまで日本国内での英語の授業は、英語とはいっても日本語での説明やら解釈やらが圧倒的に多かった。そのため、近年、英語で授業を行うべきだという声が大きくなり、高校の新しい指導要領ではオール・イングリッシュの方針が打ち出された。しかし、英語教師といっても、普段、英語を使ったり英語で授業をやる機会のある人はまだそれほど多くはないし、それに、いきなり英語でやれと言われても、教師だけでなく生徒も戸惑うだろう。

　そこで、現実的なアプローチとしては、まず極力、指示や説明など簡単なところから英語を使用することをお勧めしたい。このあたりで慣れて調子をつけて、次第にオーラルでの授業もできるようになった教師を何人も知っているので、そのあたりの突破口（breakthrough）ともなりうるような表現を、以下にリストアップしてみた。実は、ここにあるものはすべてアメリカの小中高の授業の中からピックアップしたもので、実際に使われたものばかりである。必要に応じて利用していただいて、まずは「英語の授業の英語環境作り」をやっていただきたい。生徒たちのやる気や授業の活性化は、意外とこんなちょっとしたところから始まるのかも知れない。

　なお、＊印の付いたものは生徒側の発言、（　）は補足説明または省略可能、［　］は直前の語句と入れかえ可能を示す。

Part 2 | トレーニング法＆資料編

●授　業

◇授業の始め

出席をとります。	Roll calls.
＊出席です。	Present. / Here.
＊欠席です。	She [He] is absent.
今日の日付を言ってください。	Say today's date, please.
今日の日付を書いてください。	Write today's date, please.
今日（授業で）やることについて話します。	I'll talk about today's plan.
これが今日の計画です。	This is the plan for today.

◇教科書

教科書を開いてください。	Open your textbook(s).
教科書12ページを開きなさい。	Open your textbook to [at] page twelve.
教科書を閉じてください。	Close your textbook(s).
教科書を裏返しに置いてください。	Turn your textbook(s) over.
教科書を伏せなさい。	Put your textbook face down.

◇繰り返す

あとについて繰り返してください。	Repeat after me (, please).
テープ[CD]のあとについて繰り返してください。	Repeat after the tape [CD].

あとについて単語を言ってください。	Say the words after me.
1単語ずつ発音しますから、繰り返してください。	I'll pronounce the words one by one, and you can repeat after me.

◇活　動

CDを聞きましょう。	Let's listen to a CD.
ビデオ［DVD］を見ましょう。	Let's watch a video［DVD］.
歌を歌いましょう。	Let's sing a song（together）.
この絵[この本]を見てください。	Look at this picture［book］.
英文を作ってみましょう。	Let's make a sentence.
練習問題をやってみてください。	Try to do exercises.
5番の問題を見てください。	Please look at question No. 5.
次の問題に移りましょう。	Let's move on to the next question.
例題文を言ってみてください。	Try to say model sentences.
この単語をなぞってください。	Trace this word.
辞書で調べましょう。	Look it up in the dictionary.
正しい絵に〇をつけてください。	Circle the correct picture.
正しい絵を選んでください。	Point to the correct picture.
（数字を）若い順に数えてください。	Count up, please.
（数字を）大きい方から逆に数えてください。	Count down, please.

もし質問があれば、聞いてください。	If you have any questions, please ask me.
持ってない人は手を挙げてください。	Raise your hand if you don't have one.
ひとり前に出てきてください。	We need one person to come up to the front.
インチキなしでやってください。	No cheating, please.
読み方を教えてあげてやってください。	Please tell him [her] how to read it.

◇プリント

プリントを出してください。	Take out the handout.
1枚取って、後ろにまわしてください。	Take one and pass them back.
プリントを前にまわしてください。	Please pass your worksheets up to the front.
その材料を前にまわしてください。	Pass the material to the front.
用紙に名前を書いてください。	Please write your name on your paper.
プリントの下に名前とクラスを書いてください。	Please write your name and class at the bottom of your paper.
名前を書くのを忘れないでください。	Don't forget to write your name.
空欄に必要事項を記入してください。	Fill in the blanks.

空欄を埋めてください。	Please fill in your spaces.

◇ノートなど

ノートを見せてください。	Show me your notebook.
ノートを出してください。	Take out your notebook.
パートナーとノートを交換してください。	Exchange your notebooks with your partners.
机の上にノートを出してください。	Put your notebook on your desk.
鉛筆を持ちなさい。	Pick up your pencil.
鉛筆を机の上に置きなさい。	Put your pencil on your desk.
鉛筆を置いてください。	Put away your pencils.

◇黒　板

黒板を見てください。	Look at the chalkboard [the board].
黒板の文を写しなさい。	Copy the sentence on the chalkboard [the board].
黒板を消してください。	Would you clean the chalkboard? [the board]?
ここに書いてあるものは消さないでください。	Save this, please.

（注：アメリカの学校では「黒板」はたいていchalkboardか単にthe boardであり、blackboardはそれほど使われていない）

◇授業の終わり

今日は（都合で）できないので、またの機会にやります。	Take a rain check.

Part 2 | トレーニング法＆資料編

この（ことは）次の時間にね。	Maybe next time.
さあさあ、もう（活動など）終わりですよ。	The party's over.
そろそろ終わりの時間です。	OK, it's time to say goodbye.
今日はここまで。	That's all for today.
クラス終了。	Class dismissed.
解散。	Class adjourned.

●動きの指示

（全員に向かって）手を挙げてください。	Raise your hand(s). / Hands up. / Put your hand(s) up
まず、最初に動作の手順をやって見せます。	At first, I'll demonstrate the action.
見てください。このようにします。	Look at me. This is how to do it.
私のまねをしてください。	Imitate me.
みんな、いっしょにやってください。	All together.
もう1回やってください。	Once more, please.
もう1回やってみよう。	Try again.
立ってください。	Stand up.
全員、立ってください。	Stand up, class!
机のそばに立って。	Stand by the desk(s).
（2人を指名して）2人とも立ちなさい。	Stand up both of you.

ペアで(2人1組で)立ってください。	Stand in pairs.
座ってください。	Sit down.
ここに集まってください。	Gather around.
ここに並んでね。	Please line up here.
こっちに来てください。	Come (over) here, please.
こっちに来て、クラスのほうを見て。	Come out [here] and face the class.
こっちを向いてください。	Face this way.
もっと近くに来なさい。	Come closer.
前(のほうに)に来てください。	Please come (up) to the front.
前へ進んで[前進して]ください。	(Please) move forward.
前へつめなさい。	Come close.
(場所を)つめてください。	Get closer together.
*(長いすなどで)ちょっとつめてよ。	Move over, please.
後ろへ下がってください。	Please move back. / Go backward.
右を向いて。	Turn right.
広がってください。	Spread out.
脇へ寄ってください。	Please move aside.
手をつないでください。	Hold hands.
手を下ろしてください。	Hands down. Put your hands down.

指さしてください。	Point.
目をつぶってください。	Close your eyes.
目を開けてください。	Open your eyes.
向かい合ってください。	Face each other.
クラスのみんなに背中を向けてください。	Turn your back to the class.

●コミュニケーション活動・タスク

さあ、ゲームの時間です。	Now it's (the) time for a game.
ゲームをしましょう。	Let's play a game. / Let's try a game.
ゲームがやりたくなったかな？	Do you feel like a game now?
クイズをしましょう。	Let's have a quiz.
ビンゴ（ゲーム）をしましょう。	Let's play Bingo (Game).
ジェスチャーゲームをしましょう。彼らが何をしているのか当ててください。	Let's play a gesture game. Guess what they are doing.
ゲームのやり方を説明します。	I'll explain how to play the game.
これは、色［数字、文字］を扱ったゲームです。	This is a game with colors [numbers, letters].
何だと思いますか。	Guess what?
当ててみてください。	Try and guess.
何を描いているか当ててください。	Guess what I'm drawing.

何をしているのか当ててください。	Guess what I'm doing.
あなたの番ですよ。	It's your turn.
一対一での対戦です。	Try one on one.
（横の）列ごとに	row by row
（縦の）列ごとに	line by line
私が審判やります。	I'll be the referee.
「始め」と言ってからです。	When I say "Go."
用意、ドン！	Ready, (get) set, go! / Ready? Go!
さあ、いよいよ盛り上がりますよ。	It's show time.
前の生徒がAさんのパート、後ろの生徒がBさんのパートをやりなさい。	The students in the front take A's part, and the students at the back take B's part.
では、役割を交代してください。	Now, change the roles.
友達とのコミュニケーションを楽しんでください。	Enjoy communicating with your friends.
アイ・コンタクトをとってくださいね。	Make good eye contact.
次に、みんながその動作をまねしてやってみてください。	Then you can mime the action.
教室の中を自由に歩いていいですよ。	You are free to walk around in the classroom.

さあ、それでは次の活動へ移りましょう。	Now, let's go on to the next activity.

◇机

椅子と机を後ろまで下げてください。	Push your chairs and desks back.
机の向きを変えて。	Turn your desk around.
机を合わせて。	Put your desks together.
机を寄せて大きなテーブルにしなさい。	Put your desks together to make a big table.
机を片づけてください。	Clear your desks.
すべてのものを机の中に入れなさい。	Put everything in your desk.
机を元の位置に戻して。	Put your desks back where they were.

◇時　間

時間は5分間です。さあ、始め。	You have five minutes. Ready. Go.
3分間の勝負だよ。	Three-minute try.
あと3分。	Three minutes left.
あと残り時間は3分です。	You have three minutes left. / You have three minutes to go.
(延長で) もう1分ですよ。	One more minute.
時間 (終わり) です。	Time is up.

◇勝　敗

一番速いグループの勝ちです。	The fastest group is the winner.
引き分けです。	It's a draw. / It's a tie.
これだとBさんの勝ちですね。	B-san is the winner here.
みんなでBさんに拍手！	Give B-san a big hand!
あなたの勝ち。	You win. / You are the winner.
Bグループの勝ちです。	Group B is the winner.

◇得　点

こっちのチームに1点です。	One point for this team.
Aさん［Aグループ］に1ポイント。	One point for A-san［Group A］.
女子に3点あげます。	Three points for the girls.
1位になったチームに2点あげます。	Two points for the first to finish.
最初に答えた子が1点もらえます。	The one who answers first will get a point.
間違ったら1点減点ですよ。	You lose a point if you answer wrong.
最初に5点取ったチームが勝ちです。	The first team to get five points will win.
得点を数えてみましょう。	Let's count the points.
得点をいっしょに数えましょう。	Let's count up the points together.
何点取ったかな？	How many points did you get?

あなたのチームは、結局、何点だった？	What's your final score?
一番点数の多いのはだれ［どのチーム］？	Who [Which team] got the most points?
サンドラさん（ALT）、得点係やってください。	You can keep the score, Sandra.

◇カード

ここにカードがあります。	Here are some cards.
カードに書いてある単語を読みなさい。	Read the word on the card.
カードは表を上にして。	Put your card face up.
カードは伏せて。	Put your card face down.
カードを切りなさい。	Shuffle the cards.
カードを机に戻しなさい。	Return the card to the desk.
カードを机の上に広げなさい。	Spread the cards out on the desk.
カードを取って。	Take a card.
カードを選んで。	Pick a card.
これらのカードを見てください。	Look at these cards.
相手にカードを見せてはいけません。	Don't show your card to your partner.
よく聞いて、正しいカードをすばやく挙げてください。	Listen carefully. Raise the correct card quickly.
同じカードを持っている人を探してください。	Search for someone with the same card.

正しいカードを持ってきてください。	Please bring the correct card to me.
グループリーダーは正しいカードを持って前に出てきてください。	The group leaders, please come to the front with the correct card.

●ペア・グループ分け

並んでください。	Please line up.
横に並んでください。	Stand side by side.
(横に)2列になりましょう。	Please make two rows.
(縦に)2列になりましょう。	Please make two lines.
円(輪)になってください。	Make a circle.
ペア(2人組)になってください。	Make pairs. / Get into pairs, please. / Please form pairs.
ペアで活動しなさい。	Work in pairs.
隣と活動しなさい。	Work with your neighbor.
相手を見つけてください。	Get a partner, please.
Aさんの隣に座りましょう。	Please sit down next to A.
背中合わせになりましょう。	Put your backs together.
この2列で1つのチームです。	These two rows are one team.
2つのチームになって。	Get into two teams.
2つのチームを作って。	Form two teams.
グループ活動をしましょう。	Let's do some group work.
グループを作ってください。	Make groups.

グループに分かれてください。	Separate into groups.
3人で活動しなさい。	Work in threes.
3人1組になろう。	Make a group of three.
3人のグループを作りましょう。	Let's make groups of three.
4人のグループを作りなさい。	Make groups of four (students).
ひとグループ、4人でグループを作りなさい。	Please make groups of four students each.
グループを作りなさい。各グループ4人です。	Please form groups. Four students in each group.
4、5人のグループ5つに分かれて。	Get into five teams of four or five.
4つのグループを作ってください。	Make four groups.
5つのグループに分けます。	I'll divide the class into five groups.
机を動かして4人グループを作って。	Put your desks into groups of four.
次はグループを7つ作ります。	Now, we'll make seven groups.
あなたはA[B]チームです。	You join team A, please. / Please join team B.
グループ内でペアを作りなさい。	Make pairs in your group.
グループで話し合いなさい。	Talk in your group.
グループで検討[討論]してみなさい。	Discuss in your group.
グループに1つずつです。	One for each group.

●一般的な表現

その通り！	That's right!
それで十分。	That's enough.
（物を渡して）はい、どうぞ。	Here you are.
こんな感じですよ。	Like this.
どう思いますか。	What do you think? / What do you say?
大丈夫ですか。	Are you O.K.?
*はい、大丈夫です。	Yes, I'm O.K.
手伝ってくれますか。	Can you help me?
楽しかったですか。	Did you have fun?
*楽しかったです。ありがとう。	We had a great time. Thank you so much.
終わりましたか。	Are you finished? / Are you done?
それは終わりましたか。	Did you finish it?
*終わりました。	I'm done. / I'm finished.
*まだですよ。	Not yet.
*もっと必要です。	We need more.
やって（挑戦して）みようよ。	Let's try.
もう1回やってください。	Once more, please.
もう1回やってみよう。	Try again.
順番を決めなさい。	Decide the order.
これを見てください。	Take a look at this.

注目してください。	Attention. please.
誰かに当てますよ。	I'll call on somebody.
誰に当てようかな。	Guess who I call on.
質問に答えてください。	Answer my question. / Answer the question.
*答えがわかりません。	I don't know the answer.
*全然見当がつきません。	I don't have the slightest idea. / I don't have the foggiest idea.
*ちょっと待ってください。	Wait a minute.
*(ちょっと)考えさせてください。	Let me think (for a moment).
急いでください。	Please hurry.
ゆっくり(時間を取って)いいよ。	Take your time.
落ち着いてください。	Relax, please.
はい、落ち着いてください。	OK, calm down.
神経質にならないでください。	Don't get nervous.
聞こえませんよ。	I can't hear you.
もっと大きな声で言いなさい。	Speak louder(, please).
言いたいことはきちんと言ってください。	Say what you want to say.
注意してください。	Be careful.
足元に注意してください。	Watch your step.
それに触らないでください。	Don't touch that.
それは壊れ物です。	That's fragile.
そんなことはしていけません。	That's not good to do.

やめてください。	Don't do that. / Stop it. / Stop that!
ごちゃごちゃしたのを片づけなさい。	Clean up this mess.
全部片づけなさい。	Put away everything. / Put everything away.
窓を開けて［閉めて］くれませんか。	Could you open [close] the window?
電気をつけて［消して］ください。	Turn the light on [off], please.
カーテンを引いてください。	Can you draw the curtain, please?
ブラウン先生がだれかをひとり選びます。	Mr. Brown will pick one of you.
ブラウン先生に拍手をしましょう。	Class, let's give Ms. Brown a big hand.
サンドラ（ALT）にお礼を言いましょう。	Let's say, "Thank you," to Sandra.

◇ほめことば

とてもいいですよ。	Great! / Perfect!
いいですよ。	Good! / Good job.
すごいね。	Great! / Wonderful!
その調子だよ。	Nice try. / Good try.
いい感じ。	Fabulous. / Fab.
とってもよかった。	You did a good [great] job.

◇**よく聞いて**

よく聞きましょう。	Let's listen carefully.
ちゃんと聞いてください。	Listen up. / Listen carefully.
注意して聞いてくれませんか。	Can you listen carefully?
最後まできちんと聞いてください。	Hear me out, please.
*最後まで言わせてください。	Let me finish (this).
ちゃんと聞かないと、やることがわかりませんよ。	If you don't listen, you won't understand.
お友達のお話をよく聞きましょう。	Please listen to your friends carefully.
しー、静かに、皆さん、私の話を聞いてください。	Shhh, everyone. Listen to me, please.
ちゃんと聞いていますよ。	I'm all ears.
*私たちの会話を聞いてください。	Please listen to us.

◇**静かに**

静かにしてください。	Please be quiet. / Be quiet.
静かにやってください。	Do it quietly.
うるさいですよ。	You're too noisy!
音を立てるのはやめてください。	Stop that noise.
おしゃべりはやめてください。	Stop talking(, please).

◇**席**

(一般的に)自分の席に戻って。	Go back to your seat(s), please. / Now go and sit down again. / Back to your place.

（複数の生徒が黒板などで作業した後で）席に戻ってください。 | Return to your seats. / Go back to your seats.
（教室の中で散らばっている生徒に）席に着きなさい。 | Sit in your seat(s). / Take your seat(s).
Aさんの隣に座りましょう。 | Please sit down next to A-san.
後ろ［前］の列の人 | someone（sitting）in the back［front］row
後ろから4番目の席 | the fourth seat from the back
前から5列目 | in the front fifth row

◇だれか？

だれかいませんか？ | Is there anyone here?
だれかやってみたい人？ | Who wants to try?
だれかできませんか。/ だれかやってみる人はいませんか。 | Any volunteers?
だれか答えられませんか。 | Any volunteer? / Is there anyone?
だれか他にいませんか。 | Anybody else?
だれかいい考えがある人はいませんか。 | Does anyone have any ideas?
だれの番ですか。 | Whose turn?
だれからやりますか。 | Who goes first?
だれかひとり、前に出てきてください。 | We need one person to come up to the front.
これをするのをだれか手伝ってもらえますか。 | Can someone help me with this?

だれかホワイト先生を手伝ってあげてください。	Can someone help Ms. White?
だれか彼（彼女）が教室から出るのを手伝ってくれますか？	Can someone help him (her) out of here?
だれか教室までそれを運ぶのを手伝ってもらえますか。	Can someone help me bring it in the classroom?
だれかエアコンをつけて［消して］くれませんか。	Will someone turn on [off] the air conditioner?
だれかストーブをつけて［消して］くれませんか。	Will someone turn the heater on [off]?

《著者紹介》
阿部　一（あべ・はじめ）
　応用言語学者。アイオワ州立大学大学院修了。専攻は応用言語学（特に、語彙意味論や文法論）。元獨協大学外国語学部、及び同大学院教授。現在、阿部一英語総合研究所所長。（財）語学教育研究所評議員。94–96年、NHKラジオ『基礎英語3』講師。著書に、『ダイナミック英文法』、『「なぜ」から始める実践英文法』（以上、研究社）、『この1000単語で身につくビジネス英語』（祥伝社）、『アドバンストフェイバリット英和辞典』（共編、東京書籍）などがある。

英語教師のNGワード

2011年9月1日　初版発行

著　者	阿部　　一
発行者	関戸　雅男
印刷所	研究社印刷株式会社

KENKYUSHA
〈検印省略〉

発行所　株式会社　研究社
http://www.kenkyusha.co.jp/

〒102-8152
東京都千代田区富士見2-11-3
電話　（編集）03(3288)7711（代）
　　　（営業）03(3288)7777（代）
振替　00150-9-26710

© Hajime Abe, 2011
装丁: 小島良雄　本文イラスト: 黒木ひとみ
ISBN978-4-327-41078-0　C3082　Printed in Japan